AF368881

RÉVOLUTION DE BRUMAIRE.

SCEAUX. — IMPRIMERIE DE E. DÉPÉE.

RÉVOLUTION

DE BRUMAIRE,

OU

Relation des principaux événements des journées des 18 et 19 brumaire,

Par LUCIEN BONAPARTE,

PRINCE DE CANINO ;

Suivie d'une NOTICE NÉCROLOGIQUE sur ce Prince,
et d'une ODE intitulée : l'AMÉRIQUE,
extraite du Recueil de ses Poésies posthumes.

Prix : 7 fr. 50 c.

PARIS,

CHARPENTIER, ÉDITEUR-LIBRAIRE,

GALERIE D'ORLÉANS, Nº 7, PALAIS-ROYAL.

1845

AVIS DE L'ÉDITEUR.

La relation de la révolution du 18 brumaire, que nous publions, est extraite de la partie encore inédite des Mémoires de LUCIEN BONAPARTE, prince de Canino, dont un seul volume a paru à Londres, en 1836, par les soins de MM. Otley et Saunders.

Cette relation a déjà été publiée, il y a peu de jours, par le journal *La Presse* ; et malgré le défaut d'ensemble que présente toujours une série de feuilletons périodiques, elle a vivement intéressé l'opinion publique.

Nous répondons au vœu général en faisant de ce document historique une publication spéciale. La gravité des événements qui y sont rapportés, le nom de l'auteur et la part élevée qu'il a été appelé à y prendre, font de cet ouvrage un livre précieux et désormais indispensable à l'authenticité de l'histoire.

RÉVOLUTION DE BRUMAIRE.

> « Lorsqu'une assemblée ose mettre des
> « citoyens hors la loi, ceux qu'elle con-
> « damne ainsi à la mort sans jugement
> « ont le droit de se défendre et de re-
> « pousser leurs assassins. »

I

Situation avant le retour d'Égypte.

L'an VII de la république* avait fini sous de tristes auspices. Les Anglo-Russes en Hollande, les Austro-Russes en Italie, pressaient nos armées. Chaque jour nous apportait un nouveau revers, et nos adversaires, tournant ces défaites contre le Directoire, menaçaient ouvertement de le renverser. Leur journal, le *Démocrate*,

---

* L'an VII de l'ère républicaine commença le 22 septembre 1798. Le 18 brumaire de l'an VIII, dont nous retraçons les événements, correspond par conséquent au 9 novembre 1799.

1*

appelait la vengeance du peuple sur les députés qui avaient repoussé la déclaration de la
patrie en danger [*], et il nous signalait comme
les conspirateurs soudoyés de Sieyès et de
Barras.

L'an VIII s'ouvrit heureusement sous des
auspices plus favorables. Le 1er vendémiaire,
un message du gouvernement nous apprit enfin une victoire... L'armée Anglo-Russe s'était
avancée jusqu'à Berghen; mais nos soldats venaient de reprendre l'offensive; ils avaient em-
porté Berghen à la baïonnette. Plusieurs
bataillons bataves, commandés par le général
Dumonceau, étaient venus renforcer la division de Vandamme : l'ennemi fut partout culbu-
té. Deux mille tués, huit cents blessés, quinze
cents prisonniers, parmi lesquels quarante
officiers et le général en chef russe Herman,
cinq drapeaux et vingt pièces d'artillerie,
furent le résultat de cette brillante journée,
où le général batave Daendels seconda vail-
lamment le général Brune.

[*] Séance mémorable du 28 fructidor

Ce message de victoire eut d'autant plus de retentissement parmi nous, que nous célébrions en ce jour le septième anniversaire de la république. Le discours du président du Directoire et ceux des présidents des deux conseils, prononcés dans les séances d'anniversaire, manifestèrent hautement le parti auquel chacun d'eux appartenait. Boulay de la Meurthe, président du conseil des Cinq-Cents, saisit cette occasion de rappeler la plus glorieuse époque de la vie de Sieyès ; son discours commençait ainsi :

« Celui qui dans les états-généraux de 1789 proposa de se constituer en assemblée nationale, doit être considéré comme le premier fondateur de la République, car c'est lui qui ramena toutes les idées à l'idée première et fondamentale de l'indivisibilité de la nation. »

Le directeur Gohier présidait le Directoire : il essaya de calmer les esprits et de les rassurer sur le retour du régime de 93 ; mais son discours, entièrement consacré à la concorde, ne pouvait pas apaiser des cœurs trop exaspérés.

Dans le conseil des Anciens, le président Cornet voulut, au contraire, ramener l'attention publique sur la faction révolutionnaire, et il osa même indiquer en partie le but de la réforme qui se préparait :

« Ce que nous avons fait, dit-il, est grand, et l'histoire le dira ; mais elle dira aussi nos fureurs. Que ne nous est-il permis d'arracher ces pages honteuses?... Forçons au moins ceux qui raconteront nos erreurs et nos crimes à raconter aussi nos regrets, nos douleurs et nos généreux efforts pour réparer nos fautes. Il nous fallait détruire alors... Nous qui, après dix ans de destruction, de carnage et de mort, nous trouvons sur le terrain, revêtus des pouvoirs d'un grand peuple, ne devons-nous pas cicatriser les plaies politiques?... Plus de mesures destructives : les temps sont changés... Il s'agit aujourd'hui de coordonner notre ouvrage, etc., etc. »

Ces différents appels à l'opinion publique

annonçaient vaguement une tempête prochaine. La faction ennemie du Directoire,
tout en célébrant, comme nous, le triomphe
de Berghen, ne se dissimulait pas que ce retour de fortune était favorable au gouvernement. Nous avions en effet résolu de prévenir
l'émeute, dont on nous menaçait, et de commencer une lutte désormais inévitable.

Malheureusement la majorité du Directoire
tenait à Barras, dont la coopération était toujours douteuse jusqu'au moment de la lutte.
Au neuf thermidor, Barras avait déployé le
plus ferme courage ; mais il avait trouvé Ca-
poue au Luxembourg... Il sentait parfaitement
que sa chute suivrait le triomphe des Jacobins;
mais l'indécision et la duplicité étaient deve-
nues les tristes fruits de sa mollesse. Qui pouvait être bien sûr de lui ?... Il n'en était pas
sûr lui-même ! Et cependant c'était encore sur
son bras que nous étions réduits à compter,
puisque tous les généraux des Conseils étaient
pour les Jacobins : Sieyès n'avait pu s'assurer
l'appui d'une illustre épée.

Quelques jours s'étaient à peine écoulés depuis les bonnes nouvelles de Hollande, lorsque nous en reçumes de meilleures. Masséna venait de passer la Limath et de s'emparer de Zurich, après avoir complètement battu l'ennemi.

Le lendemain, un nouveau message nous annonça que la bataille de Zurich avait détruit et dispersé les armées coalisées : le général qui les commandait avait été tué : *magasins, canons, armes, bagages, caisse militaire*, tout était tombé en notre pouvoir ; on comptait plus de vingt-cinq mille tués ou prisonniers ennemis.

L'enthousiasme excité par ce message fut encore augmenté par la promesse télégraphique suivante de Masséna, promesse si laconique et qui ne tarda pas à s'accomplir :

« Suwarow arrive : il attaque mon aile droite ; il compte sur l'armée que j'ai vaincue ; je vais le vaincre. »

En effet, Suwarow, après avoir franchi le Saint-Gothard avec vingt-mille soldats, des-

cend dans la plaine où il espère trouver les
Austro-Russes; c'est leur vainqueur, c'est Masséna qu'il trouve à leur place... et le farouche
italique mis en déroute est poursuivi l'épée
dans les reins.

Le même jour, une dépêche d'Égypte nous
apprend la victoire d'Aboukir et l'anéantisse-
ment de l'armée turque, forte de vingt mille
hommes Bonaparte écrivait d'Alexandrie, à
la date du 10 thermidor.

Tant de succès inespérés, annoncés coup
sur coup, achevèrent de rassurer le gouvernement. Ses ennemis, désolés de ce résultat,
qui paralysait leurs projets d'émeute, ne pouvaient cacher leur dépit. Dans la séance du
conseil des Anciens du 15 vendémiaire, le
député Boisset dénonça le journal jacobin,
dans lequel on lisait les passages suivants :

« Les avantages obtenus par nos armées, au
lieu d'affermir la puissance du peuple et de consolider sa liberté, sont-ils faits pour les ébran-
ler et préparer leur chute? — Les revers élèvent l'âme et enfantent ces exploits étonnants

qui fondent les républiques et culbutent les tyrans. — N'est-ce pas le malheureux combat naval d'Aboukir qui préserva l'intégrité du corps législatif, prêt à être décimé?... N'est-ce pas la défaite de Schérer qui a chassé Merlin, Treilhard et Laréveillère de l'enceinte du Directoire? Hier, nos armées avaient éprouvé des revers, et le peuple se réunissait déjà en assemblées politiques et semblait prêt à reprendre tous ses droits!... Aujourd'hui, on nous annonce des avantages en Helvétie, et le corps législatif est encore une fois menacé d'une dissolution prochaine!... Les cartes de convocation pour les membres, qui doivent se perpétuer, sont toutes prêtes. — Malheureux! En quel état avez-vous réduit les républicains? Ils craignent que l'ennemi ne soit vaincu par l'abus que vous faites de la victoire. »

Le journal qui déplorait ainsi les succès de nos armées fut renvoyé au Directoire pour être poursuivi devant les tribunaux.—Au reste, ce qu'annonçait ce journal sur des cartes de convocation toutes prêtes, n'était pas sans quelque fondement, comme on le verra plus loin.

Le 18 vendémiaire fut consacré, dans les conseils, à célébrer le retour de la victoire sous nos drapeaux. Les chefs du parti jacobin gardèrent le silence. Notre président Chazal fit allusion à la déclaration de la patrie en danger que nous avions refusé de prononcer, et, au milieu des murmures de nos adversaires, il s'exprima en ces termes :

« Soldats de la liberté :

« Nous avions bien raison d'espérer en votre courage, et de ne pas croire au danger de la patrie qui compte de pareils défenseurs.,. Trois décades sont à peine écoulées... Brune, dans la Nord-Hollande, bat deux fois l'Anglo-Russe et le force de se réfugier dans les marais ! — Masséna délivre l'Helvétie, et le héros, se multipliant, détruit, presque en une seule et même bataille, deux grandes armées, la superbe espérance des coalisés ! — Herman tombe au pouvoir de nos braves... Hotz est étendu dans les champs de Zurich... York regagne ses vaisseaux.

« Qu'est devenu ce terrible Suwarow, qui dépouilla le Croissant ensanglanté, mit en lambeaux la Pologne subjuguée, et foula d'un pied sacrilége et dévastateur les républiques italiques?.. Il fuit!.. Il fuit dans les montagnes! Il fuira jusqu'en Sibérie; mais il laisse avec Hotz, autour du berceau de Guillaume-Tell, de quoi rajeunir la grande tombe du despotisme.., l'*ossuaire de Morat*...

« Suwarow a défailli dans ses succès; et Bonaparte ressuscite plus brillant de gloire! — Ce grand nom de Bonaparte qui remplit l'Orient, comme il avait rempli l'Occident, s'impose de nouveau dans la balance de nos destinées : il y pèsera pour la paix du monde; il y pèsera de tout son poids et de celui de l'Egypte conservée. »

Après Chazal, Lecointe-Puyraveau attaqua sans ménagement les prétendus patriotes exclusifs qui regrettaient les triomphes de nos armées :

« Laissons, dit-il, les sycophantes politiques gémir de nos brillants succès; laissons ces traîtres, ces royalistes déguisés s'alarmer et prétendre que la liberté se perd par les victoires. Rome pleura-t-elle jamais les défaites de Porsenna? Camille chassant les Gaulois fut-il jamais un sujet de deuil?

« Les misérables soupiraient donc après nos revers! Ils voudraient donc que le plomb meurtrier perçât Bonaparte, Brune et Masséna, comme il a percé le brave Joubert! — Et, c'est, disent-ils, pour la liberté!! C'est pour la liberté qu'ils souhaitent les victoires des coalisés! Quel blasphème!.., Ils seraient les plus insensés, s'ils n'étaient les plus atroces des hommes; mais ce dernier trait de leur rage ne sera pas inutile à la patrie : ils ont ainsi dévoilé leurs projets, ils ne sont plus à craindre. »

Garat, dans le conseil des Anciens, après avoir dignement loué le vainqueur de Zurich, s'écriait :

« O toi, qui parles seulement de ta fortune, quand le monde entier parle de ton génie! ô

toi, qui es aujourd'hui pour nous le héros de
l'Asie et de l'Afrique, comme tu le fus d'abord
de l'Italie! ce sera toujours aussi dans tes profondes conceptions, dans ton àme et dans tes
soldats que nous verrons les puissantes causes
de ces faveurs du destin qui t'accompagnent
et te suivent aux pyramides, à Alexandrie,
comme à Rivoli et à Arcole.

« Il semble que ces noms de Masséna et de
Bonaparte doivent toujours retentir ensemble
parmi nous dans les nouvelles des grandes
victoires. Ils n'habitent plus la même partie
du globe; et, comme au temps où ils combat-
taient ensemble en Italie, les récits de leurs
nouveaux triomphes arrivent le même jour
aux deux conseils des représentants de la
France!... Ce retard à apprendre nos succès
de l'Orient n'a été pour nous que l'occasion
d'en apprendre un plus grand nombre à la
fois, etc. »

II

Projet de translation du corps législatif.

La première quinzaine de vendémiaire, signalée par tant de prospérités, vit aussi mûrir le plan de notre réforme républicaine : plusieurs réunions eurent lieu chez Sieyès. Après beaucoup d'hésitations, on convint qu'il fallait agir par le conseil des Anciens, dont la presque unanimité nous était assurée, et qu'on s'écarterait le moins possible de la légalité.

Trois articles de la constitution de l'an III donnaient aux Anciens, dans les cas urgens, le droit de transférer le corps législatif et le gouvernement hors de Paris. Cette translation, nous éloignant des faubourgs, où tout était prêt pour une émeute contre nous, devint la base de notre conspiration ; elle fut arrêtée dans la seconde semaine de vendémiaire. Voici le texte des articles de la Charte directoriale qui autorisaient cette grande mesure.

« Art. 102. Le conseil des Anciens peut changer la résidence du corps législatif ; il indique, en ce cas, un nouveau lieu et l'époque à laquelle les deux conseils sont tenus de s'y rendre. Le décret du conseil des Anciens sur cet objet est irrévocable.

« Art. 103. Le jour même de ce décret, ni l'un ni l'autre des conseils ne peut plus délibérer dans la commune où ils ont résidé jusqu'alors. Les membres qui y continueraient leurs fonctions se rendraient coupables d'attentat contre la sûreté de la république.

« Art. 104. Les membres du Directoire exécutif qui retarderaient ou refuseraient de sceller, promulguer et envoyer le décret de translation du corps législatif, seraient coupables du même délit. »

En se servant du droit que lui donnaient ces trois articles, le conseil des Anciens neutralisait tous les projets d'émeute. Il est certain que les législateurs de l'an III avaient eu pour but précis de mettre les Conseils à l'abri des mouvements excités dans les rues de Paris, et qui souvent, depuis 89, imposèrent à la capitale et à la France le joug de quelques milliers de factieux parlant audacieusement et sans mandat, au nom d'une nation de trente millions d'habitants. Cette prévision constitutionnelle était éminemment sage, éminemment populaire; et le cas de l'appliquer ne pouvait être plus évident.

Une fois hors de Paris, le conseil des Anciens devait adopter les réformes de Sieyès et proposer au conseil des Cinq-Cents de soumettre ces réformes à la votation du peuple. Les principaux changements étaient la création de trois consuls élus pour dix ans, celle d'un sénat nommé à vie, et l'établissement du suffrage universel à plusieurs degrés. Nous ne doutions pas de l'acceptation de ces réformes par l'immense majorité, par la presque universalité des Français; mais l'unique obstacle, obstacle bien difficile à surmonter, était dans le conseil des Cinq-Cents, dont la majorité, hostile à toute réforme constitutionnelle, n'aspirait qu'à suivre l'exemple de la Convention, en s'emparant de tous les pouvoirs. Cette majorité épouvantait les réformistes les plus hardis. Aussi, quoique d'accord sur la translation du corps législatif, on ne fixait pas l'époque précise où il fallait la prononcer. — Si le conseil des Cinq-Cents refusait de quitter Paris, comment l'y contraindre? — Barras, l'indécis, monterait-il à cheval, comme en thermidor? — L'opposition des généraux Jourdan, Bernadotte, Augereau, Lamarque, n'était pas douteuse, et personne ne pouvait garantir le concours d'un général digne d'être mis en face de ces hautes illustrations militaires. — Que feraient les troupes? — Que feraient la garde du corps législatif et celle du Directoire, dont le président Gohier était contre nous? — Au milieu de tant de difficultés, comment s'étonner que nous eussions déjà laissé passer plusieurs semaines, toujours à la veille d'agir et n'agissant jamais?

Entre différents projets, tous tendant à neutraliser l'opposition prévue d'une partie des Cinq-Cents, l'un des membres les plus recommandables et les plus influents du conseil des Anciens, le député Régnier (depuis grand-juge sous l'empire) émit l'idée de préparer des cartes d'admission pour les nouvelles salles, de donner la consigne aux sentinelles de ne laisser entrer que les porteurs de ces cartes, et de ne pas en envoyer à une vingtaine des députés les plus exaltés; cette proposition, appuyée par Sieyès, fut combattue par plusieurs d'entre nous, et l'on ne prit aucun parti à ce sujet.

Le même moyen fut remis plus tard en discussion. Probablement, nos adversaires avaient entendu parler de ce projet de cartes d'admission, qui fut vaguement dénoncé dans leur journal.

Les Jacobins, de leur côté, se réunissaient

toutes les nuits dans les faubourgs, où le fameux Santerre, parent du directeur Moulins, organisait les fédérés de 93... Et Barras, au lieu de s'unir à nous franchement, devenait plus ténébreux à mesure que la crise s'approchait : il évitait nos réunions et se contentait d'assurer Sieyès qu'il était pour nous, et qu'au moment décisif, il se montrerait.

Cette situation n'était pas rassurante ; et vers le milieu de vendémiaire, Sieyès paraissait fort abattu. Les petits comités devenaient moins nombreux : on pouvait déjà remarquer les premiers symptômes de la tiédeur dans quelques esprits.

Depuis quelques jours, on annonçait l'arrivée du général Moreau à Paris ; beaucoup de regards se tournaient vers lui ; Sieyès l'attendait avec impatience ; il ne désespérait pas encore de son concours, malgré l'irrésolution qu'il avait déjà manifestée.

III

Les affaires étaient dans cet état d'hésitation et d'attente de tous les côtés, lorsque le 21 vendémiaire, ces mots retentirent tout-à-coup et circulèrent, comme la foudre, dans tous les recoins de la grande ville : *Bonaparte est en France! Il a débarqué à Fréjus : Il arrive!*

Le soir, à tous les théâtres, cette nouvelle fut proclamée et accueillie par les plus vives acclamations. Le lendemain on lisait sur la même colonne du *Moniteur* ces deux articles :

1° « Le général Bonaparte est arrivé le 17 de ce mois à Fréjus (patrie de Sieyès). Il a été reçu par une multitude immense , aux cris de : vive la république ! etc.

2° « Le général Moreau est arrivé à Paris...»

En apprenant cette arrivée de Moreau, Sieyès me dit : « Il est trop tard ! » J'eus tout lieu de croire, par cette exclamation et par un embarras mal déguisé, que le retour de Bonaparte causait en ce moment à Sieyès plus de trouble que de joie. Il désirait une épée auxiliaire ; et celle de Moreau, de Jourdan, ou de Joubert lui aurait suffi... L'épée de Bonaparte était trop longue !...

Le Directoire fut si étourdi de la dépêche de Fréjus, qu'il n'eut pas la force de dissimuler : il ne la communiqua aux conseils qu'à la fin d'un message rempli de nouveaux détails sur le combat de Berghen, et comme en guise de post-scriptum. Dans ce message, après quatre paragraphes consacrés à nos succès de Hollande, on lisait ce qui suit :

« Le Directoire vous annonce *avec plaisir* qu'il a *aussi* reçu des nouvelles de l'armée

d'Egypte. Le général Berthier, débarqué le
17 de ce mois à Fréjus, avec le général en chef
Bonaparte, les généraux Lannes, Marmont,
Murat et Andréossy, et les citoyens Monge et
Berthollet, mande qu'ils ont laissé l'armée
française dans la position la plus satisfaisante. »

Ainsi le message nommait Berthier en première ligne, et nous exprimait le *plaisir* que
le retour d'Egypte faisait au Directoire. L'embarras de cette rédaction n'avait échappé à
personne : elle contrastait complètement avec
le mouvement qui se manifesta dans les deux
conseils : au nom de Bonaparte, des cris de
joie interrompirent la lecture, et tout le monde
se leva spontanément comme frappé d'une
étincelle électrique.

Le *Moniteur* publia ensuite cet autre article:

« Le convoi sur lequel est venu Bonaparte
était composé de deux frégates et d'un vaisseau
de transport. Il voulait débarquer à Toulou;
mais, étant chassé par les Anglais, qui l'avaient

rencontré plusieurs fois dans le trajet, il aborda à Fréjus, après une traversée de quarante-sept jours.

« En débarquant, lui et tous les Français qui l'accompagnaient, baisèrent le sol libre de la France. Une foule immense de citoyens se rassembla sur le port, et ne voulut pas souffrir la moindre quarantaine. Le soir, la ville fut illuminée. Des bals, des chants populaires, des concerts marquèrent la joie publique. Un gendarme partit aussitôt en courrier.

« Le Directoire vient de faire prévenir la citoyenne Bonaparte, qui est partie avec Joseph et Lucien Bonaparte pour aller rejoindre l'illustre voyageur et l'amener à Paris. »

Les orateurs de toutes les nuances d'opinion exprimèrent dans les conseils les mêmes sentiments. On remarqua surtout le discours de Briot, l'un des Jacobins les plus exaltés.

« Il revient, dit-il, cet homme que l'Italie a vu tant de fois victorieux ; il a touché le sol de la République : il revient fidèle à sa destinée. Son épée brille déjà aux yeux des peuples qu'il délivra et qu'il doit affranchir encore ; cette épée menaçante et terrible sera tirée !... Bonaparte est debout : il paraît sur la tombe de Joubert! C'est de là qu'il vous promet, nations de l'Italie, le secours de son bras. Il vous appelle à la liberté, et l'Europe à la paix. Celui qui rédigea le traité de Campo-Formio ; celui qui, après la reddition de Mantoue, honora, dans la personne du vieux Wurmser, la valeur survivante à l'âge, et la fidélité suppléant à la force, celui-là proclamera de nouveau les droits de l'Italie; il assurera le bonheur de ces belles contrées; il aura encore des témoignages de respect à donner à ces vieux chefs ennemis, blanchis dans les combats et qu'il trouve déjà demi-vaincus.

« Préparons-lui des éloges, car bientôt il combattra de nouveau pour la patrie... C'est assez dire qu'encore une fois il méritera sa reconnaissance. »

Le 24 vendémiaire, Bonaparte arriva dans

sa petite maison de la rue Chantereine, nommée depuis rue de la Victoire.

Les places publiques étaient encombrées de citoyens avides de sa présence et des détails de son voyage. Il avait appris, par les journaux que Sidney-Smith lui avait envoyés, les revers de nos armées, et il était parti sans appel et sans préméditation. Il avait débarqué à Ajaccio, en Corse, lieu de notre naissance, où il était resté sept jours; c'est là qu'il avait su les dernières nouvelles de France. A peine reparti d'Ajaccio, une escadre anglaise fut signalée. Le commandant français proposa de s'échouer sur les côtes de Corse. « Non, s'écria Bonaparte; je ne suis pas parti d'Egypte pour venir ici me faire bloquer. Marchons; remettons-nous-en avec confiance à la fortune. » La fortune remplit son espoir : la nuit couvrit la marche de ce vaisseau, qui renfermait dans ses flancs tant de changements politiques. — On aborda à Fréjus.

Le courrier qui devançait Bonaparte pour faire préparer les chevaux, les demandait en son nom; et partout, dans les villes, dans les hameaux, on se précipitait sur la route à sa rencontre, et on l'accompagnait au loin au milieu des cris de *vive Bonaparte! vive la république!* La foule était telle que les voitures souvent avançaient à peine.

La seconde ville de France, la capitale de l'industrie, l'héroïque, la malheureuse Lyon, se distingua sur toutes les autres villes par son accueil de confiance et d'amour. Une petite pièce improvisée en quelques heures, LE HÉROS DE RETOUR, y fut représentée; Bonaparte, malgré sa fatigue, ne put se dispenser d'y assister. Toute la ville remplissait la salle de spectacle ou couvrait les rues adjacentes. Les applaudissements populaires, mille fois répétés, permirent à peine d'entendre les acteurs. . . . . , ...

Jusqu'à Paris ce fut partout le même enthousiasme. Jamais, non jamais, l'opinion d'une grande nation n'éclata en transports si vifs et si unanimes. Il suffit de se rappeler ou de se figurer ces transports pour s'expliquer l'embarras du Directoire et l'inquiétude de Sieyès et de ses amis. Dans un jour de détresse, Sieyès avait regretté l'absence de Bonaparte et s'était écrié : « Ah ! pourquoi votre frère n'est-il pas ici ? » — Mais il n'avait pas assez prévu l'ivresse nationale qui signala ce miraculeux retour... Dès le premier moment, l'homme d'état ne se fit plus illusion... Les destinées de la patrie ne dépendaient plus de nos projets de réforme, elles dépendaient uniquement de celui que trente millions d'hommes accueillaient comme leur sauveur. — « Vous allez, m'avait dit Sieyès, à la rencontre de votre frère ; personne mieux que vous ne peut lui apprendre nos projets. C'est à lui maintenant à se mettre à notre tête et à sauver la république du réveil des Jacobins. »

Cette conviction de l'influence irrésistible de Bonaparte était aussi profonde dans l'esprit de Sieyès qu'elle était douloureuse. — Tout était remis en question. — Quel parti prendra ce jeune général ? — Les Jacobins ne pourraient-ils pas se ranger sous son drapeau ? —

Barras, son ancien ami, ne serait-il pas à sa dévotion exclusive ? — S'il s'empare du pouvoir, que deviendra la réforme consulaire ?

Les membres influents des deux conseils, réformistes ou jacobins, ainsi que les autres directeurs, étaient aussi inquiets que Sieyès. Tous les projets devinrent stationnaires au nom de Bonaparte. La vague stupeur, qui au même instant paralysa tous les chefs, contrastait singulièrement avec le mouvement d'ivresse qui agitait les masses.

J'avoue que je ne fus pas moi-même exempt d'inquiétudes ; mais ces inquiétudes chez moi n'étaient pas spontanées : elles tenaient plutôt aux craintes de mes amis. Presque toujours éloigné de mon frère par les événements, je le connaissais peu. Quoiqu'il n'eut que six ans plus que moi, il n'y avait jamais eu entre nous d'intimité d'enfance ni de jeunesse, parce que nous avions presque toujours été séparés. Cette intimité, que j'ai souvent regrettée, fut réservée tout entière à notre frère Joseph.

Pour moi, je voyais dans le vainqueur de

l'Italie et de l'Égypte le premier général des temps modernes, l'orgueil de notre nom, et le plus ferme appui de la république; mais j'étais loin d'apprécier alors son mérite civil qui ne tarda pas à briller d'autant d'éclat que son épée. A peine si je croyais convenable de le voir au nombre des trois consuls. Cette place me semblait exclure le commandement des armées auquel, dans ce temps-là, je bornais l'aptitude de Napoléon.

D'ailleurs, mon peu d'expérience ne me laissait pas juger dans toute son étendue la nouvelle puissance d'opinion qui venait de se révéler. Je pensais qu'elle ne pouvait jamais s'étendre au-delà de notre réforme. « Que pouvez-vous redouter de mon frère?... disais-je à Sieyès. Eh bien! en tout cas, c'est un collègue au Consulat qui vaut probablement mieux que votre Barras. — Plus de crainte : la réforme consulaire est assurée. »—Sieyès souriait tristement. « Puissions-nous, me disait-il, ne pas être menés plus loin que nous ne voudrions!... Depuis vingt-quatre heures une grande révolution s'est accomplie dans les esprits. Ce n'est plus le temps du *cedant arma togæ*... Mais le sort en est jeté : nous n'avons pas dans notre pays d'institutions publiques capables d'imposer des limites à l'enthousiasme de la foule... Le sort en est jeté. — C'est autour de votre frère maintenant qu'il faut tous se grouper. »

Sieyès, tel qu'il était, tel que je le représente ici, ne ressemble pas sans doute à ce Sieyès que le directeur Gohier peint dans ses Mémoires comme un lâche égoïste, empressé de se vendre à Napoléon pour un domaine, et complotant la chute de la république. Le bon Gohier voyait son collègue sous ces fausses couleurs, parce qu'il le détestait, et que sa vue n'allait pas plus loin.

Sieyès vient de terminer son illustre carrière, oublié, négligé par la jeune France. Il fut cependant le plus sincère, le plus sage républicain de notre époque. L'orateur du tiers-état, l'homme du suffrage universel et des listes de notables, aurait laissé un nom irréprochable, sans un vote de funèbre mémoire, qu'il déplorait souvent, ne cherchant pas à dissimuler que Louis XVI, le meilleur des rois, fut l'innocente victime des intrigues les plus noires.

Aujourd'hui que tant d'événements, suite du retour d'Égypte, se sont développés sous nos yeux, et qu'après avoir dominé l'histoire contemporaine, ils sont à leur tour rentrés dans le torrent des siècles écoulés, comment apprécierons-nous les inquiétudes de Sieyès sur Bonaparte?.. Répondons, sans hésiter, que ces inquiétudes étaient justes, nobles, patriotiques. — Le législateur qui se trouvait au moment de faire adopter une réforme définitive, *qui eût donné à la république la stabilité de la monarchie*, pouvait-il ne pas trembler en voyant son œuvre livrée tout-à-coup à une nouvelle puissance?...

C'était le vieux pilote, courant une dernière bordée pour faire entrer dans le port son vaisseau démâté par une longue tempête, et qui se voit rejeté dans la haute mer par un coup de vent irrésistible. — Pour seconder ses vues, Sieyès devait préférer un appui moins redou-

table. Moreau, Jourdan, Joubert, lui conve-
naient mieux. Il devait regretter et il regrettait
amèrement que le concours de l'un de ces
illustres généraux lui eût manqué. Si nous
avions eu ce concours, la réforme eût été
accomplie deux mois avant le retour d'Égypte;
et probablement la grande république-mère
se fut affermie et n'eût pas été stérile !... Les
regrets éprouvés par Sieyès au moment du
retour d'Égypte furent donc les regrets d'un
bon citoyen.

IV

Mon frère était à peine depuis vingt-quatre
heures à Paris, qu'il était complètement in-
formé des projets, des espérances, des intentions de Sieyès : je ne lui laissai rien ignorer. Il
n'hésita pas un instant devant moi entre nous
et les Jacobins; mas l'accueil unanime qu'il
recevait lui parut d'abord exiger de ne repousser personne.

Le secret sur ses dispositions fut si bien
gardé que le directeur Gohier, dans ses Mémoires, se plaît à exposer l'éloignement du

général et de Sieyès. Il raconte que tous les deux se trouvant à dîner chez lui au Luxembourg, madame Bonaparte lui adressa ce reproche : « Comment avez-vous pu inviter Sieyès? Vous ne savez donc pas que mon mari ne peut pas le souffrir? » Gohier s'étend avec complaisance sur la froideur de ses deux convives.

Probablement ma belle-sœur n'en savait pas davantage.

Quant à la naïveté de l'écrivain, elle est plus excusable que celle qu'il montra le jour même du 18 brumaire, où madame Bonaparte lui ayant demandé à dîner dès la veille, il l'attendait encore, tandis que Paris était en révolution à son insu, et que le Luxembourg était déjà sous la garde de Moreau... Le bon président crut aux apparences; et il conservait encore la même opinion, bien des années après, comme on le voit dans son livre.

Les premières dispositions manifestées par mon frère n'étaient cependant pas aussi positives que nous l'eussions désiré. Pour en rendre compte avec plus de clarté, voici à peu près notre premier entretien, tel que je le retrouve dans mes notes et dans mes souvenirs,

Après avoir épuisé les questions afin de connaître dans tous ses détails notre projet de réforme consulaire, Napoléon me dit : Sieyès a raison ; il faut à la France un gouvernement plus concentré. Trois consuls valent mieux que cinq directeurs. J'avais donné trois consuls à Gènes, et je voulais qu'on ne donnàt que trois directeurs à Milan. — Nous avons besoin d'autres lois que celles des ôtages et de l'emprunt forcé. En allant de ce pas, tous les peuples s'éloigneraient de nous. — On ne tarderait pas à nous rendre 93. — Agissez sans crainte. Je suis avec le conseil des Anciens ; je servirai de bouclier aux sages de la république contre l'émeute des faubourgs, comme j'ai servi de bouclier à la Convention contre l'émeute des sections royalistes en vendémiaire. — Remerciez Sieyès de sa confiance.

« LUCIEN : Quand, où, voulez-vous le rencontrer ? il le désire beaucoup.

« NAPOLÉON : Il est inutile de nous voir main-

tenant autrement qu'en public, au Luxembourg. Les choses ne sont pas assez avancées.
Qu'il arrête bien son plan de campagne. Quand
tout sera convenu, nous nous rencontrerons
secrètement, chez vous. Je ne veux pas d'é-
clat avant le temps. Il ne me convient pas de
prendre les couleurs d'aucun parti. D'ailleurs
j'ai besoin de mon côté d'étudier un peu le
terrain.

« Lucien : Puis-je assurer que vous consentez
à être l'un des trois consuls ?

« Napoléon : Non, parbleu ! gardez-vous-en
bien ; j'ignore si cela me conviendra. J'arrive
à peine ; il faut me laisser respirer. Je ne veux
pas légèrement hasarder ma gloire. — Pense-
t-on que la France me verrait volontiers échanger mon épée contre une toge ? — Pour ce qui
me regarde personnellement, je ne veux m'engager à rien ; mais je m'engage à donner
l'appui de mon nom à la réforme que le conseil
des Anciens proposera à l'acceptation du
peuple. C'est bien assez pour aujourd'hui.
Sieyès ne manquera pas de collègues au con-

sulat, et je serai, moi, plus nécessaire aux armées qu'ici. »

Cette première communication indirecte me paraissait plus satisfaisante qu'elle ne le parut à Sieyès. Elle suffit toutefois pour le rassurer. Le peu d'empressement manifesté pour l'entrevue que j'avais proposée devait le surprendre et lui déplaire. Il me chargea d'insister pour qu'elle fut retardée le moins possible.

En compensation de ce désappointement, Sieyès fut charmé de l'approbation donnée par le général à son plan de réforme et de ses instances pour qu'il y mit la dernière main. Le fait est que j'exagérais un peu cette approbation. L'organisation du suffrage universel par les listes de notabilité obtint seule l'assentiment positif de Napoléon; son assentiment sur tout le reste fut silencieux; les trois consuls, le sénat, même le droit d'absorption n'attirèrent aucune observation.—Il n'en devait pas être toujours ainsi! — Pour le moment, Bonaparte ne voulut réellement s'occuper que du changement du gouvernement. « Nous verrons plus tard. On ne peut pas tout faire à la fois. Chaque jour suffit à sa tâche. »

Le lendemain, 26 vendémiaire, le général se rendit au Directoire. On remarqua la simplicité de son costume : au lieu d'être en uniforme, il était en redingote ; un cimeterre turc attaché par un cordon de soie le distinguait seulement de la foule qui encombrait les cours et les salles du Luxembourg. Ayant reconnu plusieurs soldats de l'armée d'Italie, il s'arrêta pour causer avec eux de leurs campagnes. L'accueil des cinq directeurs fut en apparence le même, plein d'empressement et de cordialité : aucune préférence ne fut témoignée à Sieyès. En quittant le Luxembourg, Bonaparte alla rendre visite à plusieurs ministres.

Le 30 vendémiaire, Bonaparte et Moreau qui ne s'étaient jamais vus, se rencontrèrent à dîner chez le président du Directoire. La connaissance se fit de la manière la plus aimable des deux côtés. L'ambition de Moreau ne s'était jamais portée hors de son quartier-général :

l'élévation de Napoléon au gouvernement, déjà pressentie par tout le monde, semblant incompatible avec le commandement des armées, Moreau devait voir sans peine ce qui éloignait des drapeaux le seul homme qui l'éclipsât; c'est là, je pense, le motif de l'empressement de Moreau à nous seconder. Lorsque, dans la suite, le consul saisit de nouveau le commandement militaire, le mécontentement de Moreau n'eut plus de frein ; et la patrie eut bientôt à regretter l'égarement qui finit par entraîner ce grand homme de guerre, doué de tant de vertus privées, à conspirer avec des assassins... à combattre... à mourir dans les rangs des Cosaques.

Au commencement de brumaire. les bureaux et les inspecteurs devaient être renouvelés : ce renouvellement peu important pour le conseil des Anciens, où le choix ne pouvait tomber que sur des réformistes, l'était beaucoup pour notre conseil. De ce choix pouvait dépendre en partie la réussite de nos projets : Lemercier fut élu président des Anciens : les cinq inspecteurs de ce conseil furent Courtois, Cornet, Fabre, Baraillon et Beaupuy.

Quant à nous, tous nos amis se rendirent à la séance ; et le scrutin trompa l'attente des Jacobins. Je fus porté à la présidence. Les députés Gourlay, Beauvais, Devink-Thierri, Casenave et le général Frégeville furent élus inspecteurs de la salle. Ces inspecteurs avaient le commandement de la garde législative et la police de notre enceinte : les nouveaux choix ne nous laissaient rien à désirer ; le général Frégeville surtout, par son zèle, son dévouement et sa fermeté, fut un choix précieux. Un tel résultat me fit croire que l'appui de la majorité se retirait de nos adversaires : nous verrons combien cette confiance fut sur le point de nous devenir fatale.

Sieyès réunit ses amis les plus influents, et nous discutâmes sérieusement les mesures à prendre pour la translation du corps législatif : nous voulions sortir de Paris, mais nous en éloigner le moins possible : nous fixâmes le palais de Saint-Cloud pour notre résidence

momentanée. Pour assurer l'exécution de cette
grande mesure, Sieyès proposa que le conseil
des Anciens en chargeât le général Bonaparte,
en lui conférant par un décret spécial le commandement de toutes les forces militaires de
Paris et ses environs, ainsi que de la garde législative et directoriale. C'était sans doute
ajouter à la lettre de la Constitution : les articles 102, 103 et 104 ne parlaient pas d'un
commandant extraordinaire; mais l'esprit de
ces articles semblait autoriser ce que la lettre
ne disait pas. Si les Anciens n'avaient pas le
pouvoir d'assurer l'exécution de leur décret,
leur droit n'eût il pas été illusoire?...

La nécessité de déplacer le corps législatif
ne pouvait exister que dans un danger pres-
sant; ce danger pouvait venir du pouvoir exécutif ou du conseil des Cinq-Cents; or, dans ce
cas possible, si la force publique n'avait pas
un autre centre que son centre habituel, il
était évident que le décret des Anciens pouvait ne pas trouver d'exécuteurs. Il fallait donc
que cette dictature d'un moment, conférée par

la loi au conseil des Anciens, eût une force d'action indépendante de toute autre autorité. Sans cela, l'accomplissement du décret d'urgence se trouvait à la discrétion de ceux-là mêmes contre lesquels la mesure pouvait être dirigée. Les articles emportaient donc avec eux les moyens de la faire exécuter ; et le conseil des Anciens en inférait son droit à nommer un commandant extraordinaire de la force publique ; bien entendu que cette mission momentanée finissait dès que le corps législatif et le gouvernement se trouvaient installés dans leur nouvelle résidence.

Quand même nous eussions jugé ces conséquences hasardées, nous n'en eussions pas moins agi comme nous l'avons fait, car le moyen de faire une révolution sans sortir de l'ordre légal est encore à trouver ; mais nous étions réellement convaincus, et je le suis aujourd'hui comme alors, que le conseil des Anciens avait le droit constitutionnel de nommer un général pour assurer l'exécution de son décret.

Pendant que nous mettions la dernière
main à notre projet, Bonaparte écoutait tout
le monde, observait et étudiait l'opinion des
partis. Le sentiment des masses populaires et
des armées se manifestait unanimement. . . .

. . . .

Les municipalités, les généraux, les officiers
et les soldats exprimaient la même confiance.
Des alentours de Paris, comme des extrémités
de la république, on recevait à chaque instant
des députations avec des assurances de dévoûment et des instances pressantes pour un meilleur ordre de choses. Les diverses nuances
d'opinion qui se partageaient la capitale
venaient, comme par magie, se confondre
dans un seul homme. Talleyrand, Rœderer,
Fouché, le géomètre Laplace, partis de différents points de la circonférence, venaient
aboutir au même centre. Les Jacobins même,
dans ces premiers jours, sauf quelques excep-
tions, accablaient le général de leurs préve-
nances ; ils n'eussent pas mieux demandé que
de le placer à leur tête... Ils ne tardèrent pas

à sentir qu'ils ne parviendraient jamais à l'enrôler sous leur sombre bannière.

La nouvelle du retour d'Égypte, mise à l'ordre des armées, avait rempli d'espérance et de joie tous les cœurs. — « C'est à Bonaparte, écrivait Championet au Directoire, qu'il appartient de relever l'arbre de la liberté dans cette belle Italie, où il l'avait planté et fait fleurir. C'est à lui à renverser de son trône le despote autrichien, et à se rouvrir un passage, par les mêmes chemins, vers cette Vienne perfide qu'il a déjà menacée…. etc. » — Les soldats de l'armée d'Italie, quoique privés depuis longtemps des objets les plus nécessaires, demandaient, à grand cris, à marcher à l'ennemi; un régiment de cavalerie était prêt à quitter l'armée pour aller en remonte à Lyon…. Ils refusèrent de se mettre en route : « Nous servirons à pied , disaient-ils: l'ennemi a des chevaux, et avec le petit caporal nous serons bientôt remontés! » Les conscrits de l'intérieur voulaient partir pour rejoindre, quoique leur équipement fût à

peine commencé : » Nous sommes assez bien ,
s'écriaient-ils ; le petit caporal saura bien nous
équiper ! »

Les officiers de cavalerie et d'infanterie de
la division de Paris et ceux d'état-major se
succédaient dans la rue Chantereine : ces visites rendaient plus puissante de jour en jour
l'influence de celui vers qui se portaient toutes
les espérances d'améliorations politiques.—
Sa présence aux Invalides fut une fête de famille. — Les savants n'étaient pas moins empressés que les militaires : dans plusieurs
séances on entendit au Louvre celui qui
n'avait jamais voulu séparer son titre de
membre de l'Institut du titre de général en
chef de l'armée d'Orient. Il se fit un devoir de
donner lui-même à l'assemblée des renseigne-
ments sur l'état où se trouvaient l'Egypte et
ses anciens monuments : il assura que les restes
du canal de Suez, qui joignait la mer Rouge à
la Méditerranée, étaient encore visibles et qu'il
était très possible de le rétablir ; il annonça la
prochaine arrivée à Paris des plans et nivel

lements nécessaires à ce grand travail, qu'il avait fait lever avec les soins les plus minutieux. Monge et Berthollet ajoutèrent leurs observations à celles de leur collègue.

Avant de se rendre à une séance de l'Institut, Bonaparte avait reçu la visite de madame Lafayette. Lors des préliminaires de Léoben, il avait exigé comme une condition indispensable la liberté du général Lafayette, de sa femme, de ses filles et de ses compagnons d'infortune, détenus depuis long-temps dans les cachots de l'Autriche à Olmütz. Madame Lafayette avec la plus jeune de ses filles venait exprimer à mon frère la reconnaissance de sa famille : elle fut reçue avec la cordialité la plus complète et la considération due à une femme aussi célèbre par ses vertus et son courage, que l'époux dont elle s'était fait un saint devoir et une douce consolation de partager les fers... Vingt ans plus tard, le libérateur de Lafayette ne fut pas si heureux sur les rocs-prisons de l'Elbe et de Sainte-Hélene !!!

Qu'il me soit ici permis d'anticiper sur les

temps pour rapporter une anecdote de 1850.
Lorsqu'il s'agissait, dans la chambre des députés, de réclamer les cendres de Napoléon,
j'avais remarqué le silence de Lafayette, et je
trouvai dans ce silence une ingratitude peu
digne de ce grand citoyen. De ma retraite de
Canino je lui écrivis à ce sujet. Lafayette me
répondit, après que la chambre eut voté en
faveur du retour des cendres ; sa lettre finissait ainsi : « J'ai voté comme vous le désiriez ;
le prisonnier d'Olmütz vient d'acquitter sa
« dette! » Lafayette oubliait que l'exil n'est
guère meilleur que la prison... Il oubliait
que la famille de son libérateur était exilée ! —
Combien de milliers de Français, auxquels le
18 brumaire rendit leur patrie... et qui n'ont
pas conservé plus de mémoire que le prisonnier d'Olmütz !.....

V

Capitulation du duc d'Yorck à Alkmaër. — La veuve du chef
irlandais Wolf-Tone.

Revenons à l'an **VIII** de la république. —
Ma présidence du Conseil des Cinq-Cents s'ouvrit aux chants de victoire des Parisiens. Dans
la séance du 4 brumaire, nous reçûmes le message suivant :

« Le Directoire exécutif s'empresse de vous
annoncer que les projets des Anglo-Russes,
débarqués sur le territoire de la république
batave, ont échoué. Une capitulation demandée par le duc d'York a été signée à Alkmaër,
le **26** vendémiaire dernier. D'après les condi-

tions qui leur ont été imposées, les ennemis doivent s'embarquer le plus tôt possible et avoir évacué le 9 frimaire prochain, le territoire batave, les côtes, îles et mers intérieures qui en dépendent. Les renforts qui pourraient leur arriver ne pourront pas débarquer et ils repartiront sur-le-champ. Les batteries du Helder seront rétablies en ce qui se trouverait endommagé, et les parties endommagées resteront dans l'état où elles se trouvent. Toutes les pièces d'artillerie batave, qui y étaient, seront conservées. Il ne sera commis aucun dégât, soit en pratiquant des inondations et coupant des digues, soit en obstruant la navigation. Enfin huit mille prisonniers de guerre, français et bataves, faits antérieurement à l'expédition et détenus en Angleterre, seront rendus, indépendamment du cartel d'échange établi, qui continuera d'avoir son exécution.—Tels sont, pour l'Angleterre, les résultats de cette grande expédition qui devait en peu de temps envahir la république batave et menacer même notre territoire. »

Après la lecture de ce message, tous les députés se levèrent en agitant leurs toques, et la salle retentit des cris de victoire. Leur joie ne put pas toutefois égaler celle des Hollandais : les inquiétudes éprouvées par ces derniers avaient fait place à des transports plus vifs qu'on ne les aurait attendus du flegme national. « Nous sommes heureux, écrivait-on de la Haye, de voir s'éloigner de nos côtes ces insulaires, naguère si superbes, ces prétendus libérateurs qui ne voulaient que nous rendre nos fers, qui menaçaient d'envahir nos communes, de les assujétir ou de les brûler, et qui s'estiment heureux de rentrer dans leur île, grâce à la capitulation que nous leur avons accordée. »

On se livrait ainsi à Paris et à la Haye aux exagérations du triomphe. Les Anglais avaient de quoi se consoler de cet échec. Tout, chez eux, retentissait du bruit de la chute de Tippo-Saïb... L'Inde était devenue la grande colonie de Londres. Un si prodigieux succès n'avait pas disposé le ministère britannique à la paix, que nous désirions. D'ailleurs, un nouveau traité d'alliance venait d'être signé entre l'Angleterre et la Russie. Aussi la proposition de lord Holland, en faveur de la paix avec la république française et contre le traité russe, fut-elle vivement combattue par le ministre Grenville, et la seule voix de lord King s'éleva pour seconder le neveu de Fox.

Ces mauvaises dispositions du cabinet de Saint-James ne devaient pas adoucir chez nous l'animosité nationale. Nous saisîmes avec empressement l'occasion que vint nous offrir la veuve de Wolf-Tone, le chef de l'union irlandaise, dont l'héroïque constance, au moment suprème, avait excité les sympathies de la France. Dans la séance du 8 brumaire, je quittai le fauteuil pour entretenir ainsi la chambre de tout ce qui restait de cette noble victime.

« Je viens vous parler de la veuve et des enfants d'un homme dont la mémoire est chère à l'Irlande, de l'adjudant général Wolf-Tone, chef de l'union irlandaise. Théobald-Wolf-Tone ayant été fait prisonnier par les Anglais, lors de notre expédition d'Irlande, périt à Dublin, condamné par une cour martiale, installée un an à pareil jour : il prévint son supplice dans sa prison.

« Vous n'avez pas oublié, représentants du peuple, que revêtu de l'uniforme français, il adressa ces mots au tribunal qui avait osé le condamner, au mépris du droit des gens :

« Après d'aussi grands sacrifices pour la
« cause de la liberté, c'est peu sans doute
« que le sacrifice de ma vie. J'ai courtisé la
« pauvreté : je laisse sans protecteurs une
« femme chérie et des enfants adorés. »

« C'est en faveur de cette femme et de ces enfants que je sollicite votre bienfaisance. Si les services de Wolf-Tone ne suffisaient pas à eux-mêmes, je pourrais vous entretenir de l'esprit d'indépendance et de la fermeté de cette veuve qui, sur la tombe de son frère et de son époux, ne cesse de mêler à ses soupirs des vœux pour la délivrance de sa malheureuse patrie. Je vous peindrais cette fierté irlandaise qui, sur ses traits, ennoblit l'infortune. La veuve et les enfants de Théobald sont près de vous. La loi du 14 fructidor ne leur assigne qu'un secours de trois cent francs ; mais cette loi prévoit les cas où des services majeurs seraient rendus à la liberté : dans ces cas, elle ordonne qu'une décision particulière fixe des secours aux familles des héros. Je réclame cette décision particulière. Qui mieux que cette veuve et ces enfants méritent votre sollicitude et la bienveillance de la grande nation ? Hier Wolf-Tone s'est donné la mort pour soustraire l'uniforme français à l'échafaud !... aujourd'hui Naper Tandy dépose à Hambourg son uniforme pour le soustraire au même outrage !

« Dans la circonstance actuelle, j'aurais désiré une adoption solennelle pour la veuve et les enfants de Théobald. J'aurais voulu que cette famille fût assise, là, au milieu de vous ; et que toute couverte du sang du héros insulaire, elle reçut de vous cet accueil de la fraternité civique, plus précieux pour les âmes magnanimes que tous les secours : il eût été la récompense de la femme forte ; et ses enfants, frappés, dès leur bas âge, d'une impression ineffaçable, eussent redit longtemps après, sur le rivage de l'Irlande délivrée, comment les représentants du peuple français avaient honoré la mémoire de leur père. »

La commission spéciale, que je demandais, fut votée à l'unamité.

VI

La première semaine de brumaire s'était écoulée : Bonaparte était à Paris depuis quinze jours. Malgré sa circonspection, ses opinions commençaient à n'être plus douteuses. Les Jacobins savaient qu'ils ne pouvaient pas compter sur lui : la haine succédait chez eux à l'incertitude.

Le corps législatif ayant invité pour le 13 brumaire Bonaparte et Moreau à un grand banquet, le bruit se répandit que plusieurs députés refusaient de prendre part à cette fête... Il était temps de prendre un parti. Le

10 au soir fut fixé par mon frère pour sa première entrevue avec Sieyès. Elle eut lieu en ma présence dans ma maison au coin de la rue Verte : elle ne dura pas une heure. Sieyès et Bonaparte s'embrassèrent. « Dès le moment de mon arrivée, dit Bonaparte prenant de suite la parole, vous avez connu mes sentiments. Le moment d'agir est venu. Toutes vos mesures sont-elles arrêtées ? » — Sieyès commença par indiquer ses changements constitutionnels. — Le général l'interrompit ainsi : « Je connais tout cela par ce que m'a dit mon frère ; mais vous ne pensez pas sans doute à présenter à la France une nouvelle constitution toute faite, sans qu'elle ait été discutée posément et article par article. Ce n'est pas l'affaire d'un moment et nous n'avons pas de temps à perdre. Il nous faut donc nécessairement un gouvernement provisoire qui prenne l'autorité le jour même de la translation, et une commission législative pour préparer une constitution raisonnable et la proposer à la votation du peuple : car je ne voudrai jamais

rien qui ne soit librement discuté et approuvé
par une votation universelle bien constatée.
Après cette votation, que les royalistes ou les
jacobins viennent... et nous les mettrons à la
raison. — Occupez-vous donc exclusivement
de la translation à Saint-Cloud et de l'établissement simultané d'un gouvernement provisoire. J'approuve que ce gouvernement soit
réduit à trois personnes; et puisqu'on le juge
nécessaire, je consens à être l'un des trois
consuls provisoires avec vous et votre collègue
Roger-Ducos. —Quant au gouvernement dé-
finitif, c'est autre chose : nous verrons ce que
vous déciderez avec la commission législative.
J'appuierai vos décisions ; mais je me réserve
de faire partie du pouvoir exécutif ou de préférer le commandement d'une armée. Cela
dépendra de ce que vous réglerez! » —Comme
nous gardions le silence, Bonaparte, après
avoir attendu un moment, s'approcha de
Sieyès, et lui dit d'un ton plus animé : « Est-ce
que vous ne voudriez pas soumettre votre plan
à une commission ? —Est-ce que vous croyez

pouvoir rien faire sans un consulat provisoire?
— Quant à moi, sans aller plus loin , je vous
déclare franchement qu'en ce cas, vous ne
devez plus compter sur moi. Voyez : pensez-y
bien. — Nous pourrons nous revoir ici, quand
vous voudrez. »

Tel fut le résumé d'une conversation dont le
général fit presque tous les frais à lui seul.
Son aplomb, sa logique , son éloquence po-
sitive parurent anéantir Sieyès ; la portée de
ce nouveau plan lui apparaissait sans voile , et
l'inquiétait pour l'avenir. Quant à moi, j'étais
piqué au vif du silence que mon frère avait
gardé avec moi sur un consulat provisoire et
une commission législative ; mais nous ne
pûmes contester la force des motifs apparents
qu'il avait fait valoir. D'ailleurs, il avait coupé
le nœud gordien en se levant et répétant :
« Sans cela, ne comptez pas sur moi. Il ne
manque pas de généraux pour faire exécuter
le décret des Anciens. »

Il fut donc convenu que l'on agirait d'après
ces nouvelles données, et que le surlendemain

12, on se retrouverait dans le même lieu pour fixer le jour de l'action.

Mon frère sortit le premier. Sieyès, resté seul avec moi, me dit : « Le général semble ici sur son terrain comme au champ de bataille. Il faut bien suivre son avis : s'il se retirait, tout serait perdu ; et son acceptation du consulat provisoire assure le succès. — Après demain, tout sera prêt. — A la même heure, ici. »

« Le désappointement de Sieyès était visible : sa constitution était rejetée sur le second plan et livrée aux chances futures. Il n'était plus le chef du mouvement ; il le sentit et se résigna : un astre plus puissant l'attirait malgré lui dans son orbite.

Les jours suivants, Sieyès réunit ses amis les plus influents pour faire approuver les nouvelles mesures. Je n'assistai pas à ces réunions : ma position entre Sieyès et mon frère devenait gênante. On devait penser que j'avais connu la détermination du général et que je l'avais cachée. Ce soupçon qu'on me laissa entrevoir était injuste. L'ajournement indéfini des réformes arrêtées depuis longtemps et leur renvoi à une commission législative future me déplaisaient autant qu'à Sieyès. S'il avait repoussé ces mesures, si les anciens les avaient repoussées, je serais resté avec eux... mais parmi nos réformistes, beaucoup penchaient déjà vers le général. Il n'y avait donc pas d'opposition possible parmi nous ; et cette impossibilité était fort bien appréciée par Napoléon, qui, ayant jeté son coup d'œil d'aigle sur le terrain, ne doutait plus de nous voir approuver ses mesures, qui paraissaient d'ailleurs appuyées sur les motifs les plus raisonnables.

La seconde entrevue, fixée pour le 12, fut renvoyée à la nuit du 15 immédiatement après la fête du corps législatif. Il avait fallu quelques jours de plus pour mettre en œuvre les nouveaux fils de la trame, préparés dans la première entrevue.

Le 15, on n'était occupé que de cet immense banquet de 750 couverts, préparé dans le temple de la Victoire, ci-devant l'église de

Saint-Sulpice. Offert par les deux conseils à Bonaparte et à Moreau, nous désirions vivement qu'il n'y eût pas de scission, et nous comptions sur la présence de tous nos collègues d'après les instances faites auprès de ceux qui désapprouvaient cette fête. Le temple était décoré à profusion de tapisseries magnifiques et de drapeaux, fruit de nos mille victoires. Le président des Anciens était au haut de la table; le président du Directoire occupait le milieu à droite; j'étais placé entre Bonaparte et Moreau. Dans la situation critique où l'on se trouvait, cette fête était devenue une affaire d'état. On s'observait réciproquement et fort sérieusement, et il y avait, certes, plus d'inquiétude que de gaîté parmi les convives.

Voici les toats qui furent portés :

LEMERCIER, président des Anciens : « A la république française ! »

L. BONAPARTE, président des Cinq-Cents ! « Aux armées de terre et de mer de la république ! »

Gohier, président du Directoire : « A la paix ! »

Bonaparte : «A l'union de tous les Français ! »

Moreau : « A tous les fidèles alliés de la république ! »

L'amiral espagnol Massaredo : « A la liberté des mers ! »

Le célèbre Kosciusko assistait au banquet. La seule présence de ce grand homme équivalait au toast de la liberté de la Pologne, dont les égards diplomatiques retenaient l'expression.

Dans le fond du temple, au milieu des trophées, une large inscription portait : « Soyez unis, vous serez vainqueurs ! »

Cet appel à l'union rendait plus remarquable l'absence de quelques-uns de nos plus illustres collègues. Jourdan et Augereau avaient refusé de prendre part à la fête. On répandit le bruit qu'ils dînaient ce même jour dans un faubourg avec Santerre ; ce bruit fut démenti, mais il circula dans la salle et jeta quelque trouble dans les esprits. On se sépara de bonne heure.

— Je me hâtai de me rendre chez moi, et Sieyès et mon frère ne tardèrent pas à y arriver.

« Vous voyez, dit Sieyès, l'audace de ces hommes qui refusent de se joindre au Directoire et au corps législatif réunis. — Tout, général, est arrêté suivant vos désirs. Tout est convenu pour le dix-huit ; et peut-être eût-il mieux valu que ce fût pour demain, car les faubourgs sont prêts à se lever. Voici la minute du décret qui vous confère le commandement suprême de toutes les troupes. — Voici la résolution des Anciens qui vous propose comme consul provisoire avec Roger-Ducos et moi. Nous préférons deux commissions législatives au lieu d'une. Chaque conseil nommera sa commission, et s'ajournera pour trois mois. Les consuls sont chargés de travailler avec les deux commissions à la constitution consulaire qui sera de suite présentée à l'acceptation du peuple. »

Tout fut agréé, excepté une seule mesure d'exécution qui rencontra la désapprobation absolue du général et la mienne : c'était la consigne à donner aux sentinelles à Saint-Cloud pour repousser une vingtaine de députés des Cinq-Cents, auxquels on avait décidé de ne pas adresser de cartes de convocation. Sieyès insista longtemps et avec tenacité.

« Croyez-en, nous disait-il, ceux qui ont une longue expérience de nos assemblées : la violence et l'exaltation sont contagieuses... Vous seriez désolés de tirer l'épée ; il serait affreux qu'avec une unanimité nationale, telle qu'on n'en vit pas une pareille depuis 89, l'obstination de quelques hommes fît répandre du sang... Eh bien ! si vous les admettez, vous serez peut-être forcés d'en venir là. Sans eux le conseil des Cinq-Cents finira par suivre celui des Anciens... avec eux il y aura désordre. »

Les instances de Sieyès furent inutiles : « Je ne veux pas, disait le général, qu'on m'accuse d'avoir eu peur d'Augereau et de Jourdan. N'avons-nous pas pour nous le peuple, l'armée, les Anciens, une partie des Cinq-Cents et la majorité du Directoire ? Car je vous garantis que Barras ne marchera pas, ne votera pas contre moi. Avec tout cela, exclure vingt députés, ce serait agir comme si nous craignions d'être désavoués par la nation. — Non, je ne puis y consentir. — Tous les députés seront admis. — Je ne veux pas de consigne. — Et je réponds de tout. »

Je partageais entièrement l'avis de mon frère : mon élection à la présidence m'avait persuadé trop légèrement que la majorité des Cinq-Cents était revenue à nous, et que les Jacobins n'étaient plus redoutables. La loi des ôtages et celle de l'emprunt forcé progressif étaient décréditées dans le conseil ; Félix Faucon et Creuzé-Latouche avaient éloquemment parlé contre ces lois et avec succès. On avait nommé des commissions pour les soumettre à un nouvel examen. Le bureau et les inspecteurs étaient pour nous. Boulay de la Meurthe, Chénier, Chazal, Gaudin, Cabanis et d'autres puissants orateurs étaient prêts à soutenir la lutte avec moi. La confiance la plus complète s'était, d'après ces considérations, emparé de mon esprit. Je confirmai donc le général dans sa détermination. Sieyès ne se rendit qu'à contre cœur; l'événement nous montra combien sa prévoyance était fondée. Peu s'en fallut que les excès de ceux que nous refusâmes d'exclure n'allumassent la guerre civile et n'ensanglantassent la plus pacifique de nos révolutions. Il est vrai que, sans l'entrée malencontreuse du général dans notre enceinte, nous eussions probablement réussi à faire adopter la proposition des Anciens; mais enfin l'exclusion de vingt députés rendait tout choc impossible, et nous fûmes imprudents d'obliger Sieyès à revenir sur cette mesure.

VII

Le 16 et le 17, Bonaparte fit sonder à demi les chefs de corps et les officiers, qui tous allaient au devant de ses ouvertures. Il fut arrêté que le colonel Sebastiani, dont le dévoûment n'était pas douteux, se rangerait en bataille le matin du 18 près de la maison du général, sous le prétexte d'une revue. On avait renvoyé à la même matinée plusieurs visites de corps, et tous les généraux furent invités à se rendre de bonne heure, à cheval, rue de la Victoire. Mon frère voulut parler confidentiellement à Moreau, qui, dès la première phrase, l'interrom-

pit en lui disant : « Je n'ai pas besoin d'en savoir davantage ; comptez sur moi. »

Dans la nuit du 17 au 18, les commissions des
inspecteurs des deux conseils restèrent en
permanence. Celle des Anciens envoya des
lettres d'avis pour une convocation extraordinaire, à sept heures du matin. Plusieurs députés se plaignirent d'avoir été oubliés, et je pen-
che à croire que l'oubli fut prémédité. . . . .

. . . .

N'ayant pu obtenir du général la consigne
militaire d'exclusion à Saint-Cloud, on voulut
probablement écarter quelques membres des
Anciens de la séance du matin à Paris. Cette
séance s'ouvrit à sept heures. Cornet, l'un des
inspecteurs, demanda aussitôt la parole et fit
le rapport suivant :

« Représentants du peuple, la confiance dont
vous avez investi votre commission des inspecteurs lui a imposé l'obligation de veiller à votre
sûreté individuelle, à laquelle se rattache le
salut de la chose publique. Depuis plusieurs

jours, les symptômes les plus alarmants se manifestent. Les rapports les plus sinistres nous sont faits. Si de grandes mesures ne sont pas prises, si le conseil des Anciens ne met pas la liberté et la patrie à l'abri des plus grands dangers qui les aient encore menacées, l'embrasement devient général : nous ne pouvons plus en arrêter les effets dévorants. Il enveloppe amis et ennemis... Et ceux qui échapperont à l'incendie verseront des pleurs amers, mais inutiles, sur les cendres qu'il aura laissées sur son passage.

« Vous pouvez, représentants du peuple, le prévenir encore. Un instant suffit; mais si vous ne le saisissez pas, la république aura existé, et son squelette sera la proie des vautours qui s'en disputeront les membres décharnés.

« Votre commission des inspecteurs sait que les conjurés se rendent en foule à Paris; ceux qui s'y trouvent déjà n'attendent qu'un signal pour lever leurs poignards sur des députés, sur des membres des premières autorités de la république.

« Nous avons dû, d'après ces craintes, vous convoquer extraordinairement pour vous en instruire. Nous avons fait doubler tous les postes, et nous venons provoquer vos délibérations sur le parti qu'il vous convient de prendre dans cette grande circonstance. Le conseil des Anciens a dans ses mains les moyens de sauver la patrie et la liberté ; ce serait douter de sa profonde sagesse que de penser qu'il ne s'en saisira pas avec son courage et son énergie accoutumés. »

Après le député Cornet, son collègue Regnier prit la parole en ces termes :

« Représentants du peuple, quel est l'homme assez stupide pour douter encore des dangers qui nous environnent ? Les preuves n'en sont que trop multipliées ; mais ce n'est pas le moment de développer ici leur épouvantable série : le temps presse, et le moindre retard pourrait devenir si fatal, qu'il ne fût plus en notre puissance de délibérer sur les remèdes.

« A Dieu ne plaise que je fasse l'injure aux

citoyens de Paris de les croire capables d'attenter à la représentation nationale. Je ne doute pas, au contraire, qu'ils ne lui fissent, au besoin, un rempart de leurs corps ; mais cette ville immense renferme dans son sein une foule de brigands audacieux et de scélérats désespérés, vomis et jetés parmi nous de toutes les parties du globe par cette exécrable faction de l'étranger, qui a causé tous nos malheurs. Ces instruments du crime vous épient, vous observent, attendent avec une impatience féroce un moment d'imprévoyance ou de surprise pour vous frapper et par conséquent frapper au cœur la république.

« Représentants du peuple, vos vies ne sont plus à vous : elles sont tout entières à la patrie, dont les destinées tiennent intimement à votre existence ; l'insouciance sur votre propre sûreté serait donc un crime envers elle.

« Arrachez-la aux dangers qui la menacent en vous menaçant vous-mêmes ; transférez le corps législatif dans une commune voisine de Paris, et fixez votre choix de manière que les habitants de cette grande commune demeurent bien convaincus que votre résidence ailleurs ne sera que momentanée. — Là, mis à l'abri des surprises et des coups de main, vous pourrez, dans le calme et la sécurité, aviser aux moyens de faire disparaître les périls actuels, et d'en détruire encore les causes pour l'avenir. Vous vous occuperez enfin efficacement de l'état des finances, qui rendra notre perte inévitable, si vous ne vous hâtez de substituer des remèdes réels à de vains et dangereux palliatifs.

« Vous vous empresserez d'extirper radicalement le chancre dévorant, qui recommence à se faire sentir dans les régions désolées de l'Ouest, mais dont les progrès seront bientôt arrêtés, si on le veut fortement, comme je ne doute pas que vous le voudrez ; mais surtout vous n'épargnerez rien pour assurer à la France cette paix honorable, achetée par tant et de si grands sacrifices.

« Ne concevez aucune inquiétude sur l'exécution de votre décret ; d'abord il est puisé

dans la constitution elle-même ; ensuite il aura
pour garant la confiance publique que vous
avez méritée jusqu'ici par votre courage autant que par votre sagesse, et que votre généreux dévoûment, dans les conjonctures où nous
sommes, va faire monter au plus haut degré.
S'il fallait quelque chose de plus, je vous di-
rais que Bonaparte est là, prêt à exécuter votre décret aussitôt que vous l'en aurez chargé.
Cet homme illustre, qui a tant mérité de la
patrie, brûle de couronner ses nobles travaux
par cet acte de dévoûment envers la république et la représentation nationale.

« Représentants du peuple, la voix de votre
patrie, la voix de votre conscience se font entendre : point de temporisation, elle pourrait
vous coûter des regrets bien amers.

« Je vous propose, aux termes de la constitution, le projet de décret irrévocable qui suit,
et je vous le propose avec d'autant plus de confiance, qu'un grand nombre de nos collègues
ont partagé mon vœu.

« Le conseil des Anciens, en vertu des articles 102, 103 et 104 de la constitution , décrète ce qui suit :

« Art. 1er. Le corps législatif est transféré « dans la commune de Saint-Cloud ; les deux « conseils y siégeront dans les deux ailes du « palais.

« Art. 2. Ils y seront rendus demain 19 bru- « maire, à midi. Toute continuation de fonc- « tions, de délibération est interdite ailleurs « et avant ce terme.

« Art. 3. Le général Bonaparte est chargé « de l'exécution du présent décret. Il prendra « toutes les mesures nécessaires pour la sû- « reté de la représentation nationale. Le gé- « néral, commandant la 17e division militaire, « la garde du corps législatif, les gardes natio- « nales sédentaires, les troupes de ligne qui se « trouvent dans la commune de Paris, dans « l'arrondissement constitutionnel , et dans « toute l'étendue de la 17e division, sont mis « immédiatement sous ses ordres et tenus de « le reconnaître en cette qualité. Tous les ci-

« toyens lui prêteront main-forte à sa première
« réquisition.

« Art. 4. Le général Bonaparte est appelé
« dans le sein du conseil pour y recevoir une
« expédition du présent décret et prêter ser-
« ment. Il se concertera avec les commissions
« des inspecteurs des deux conseils.

« Art. 5. Le présent décret sera de suite
« transmis, par un messager, au conseil des
« Cinq-Cents et au Directoire exécutif. Il sera
« imprimé, affiché, promulgué et envoyé dans
« toutes les communes de la république par
« courriers extraordinaires.

« Le conseil des Anciens décrète en outre
« l'adresse suivante aux Français :

« Français,

« Le conseil des Anciens use du droit qui
« lui est délégué par l'article 102 de la cons-
« titution, de changer la résidence du corps
« législatif.

« Il use de ce droit pour enchaîner les fac-
« tions qui prétendent subjuguer la représen-

« tation nationale, et pour assurer la paix
« intérieure.

« Il use de ce droit pour amener la paix
« extérieure, que vos longs sacrifices et l'hu-
« manité réclament.

« Le salut commun, la prospérité commu-
« ne ; tel est le but de cette mesure constitu-
« tionnelle : il sera rempli.

« Et vous, habitants de Paris, soyez calmes,
« dans peu la présence du corps législatif vous
« sera rendue.

« Français, les résultats de cette journée
« feront bientôt foi si le corps législatif est di-
« gne de préparer votre bonheur, et s'il le
« peut.

« Vive le peuple, en qui et par qui est la
« république !

« La présente adresse sera imprimée, pro-
« clamée et affichée à la suite du décret de
« translation de la résidence du corps législa-
« tif, et comme en faisant partie. »

Ces deux projets furent adoptés à l'unani-

mité. Un messager du conseil les porta de suite
à mon frère qui les attendait chez lui, environné des généraux Moreau, Macdonald, Berthier, Beurnonville, Murat, Lefebvre, et d'une
foule d'officiers. Il se rendit de suite avec tout
son cortége à la barre du conseil des Anciens,
où il s'exprima en ces termes :

« Citoyens représentants du peuple, la république périssait : vous l'avez vu, et votre décret vient de la sauver. Malheur à ceux qui
voudraient le trouble et le désordre ! Je les
arrêterai, aidé du général Lefebvre, du général Berthier, et de tous mes compagnons
d'armes.

« Qu'on ne cherche pas dans le passé des
exemples qui pourraient retarder votre marche ! Rien dans l'histoire ne ressemble à la fin
du dix-huitième siècle ; rien dans la fin du
dix-huitième siècle ne ressemble au moment
actuel.

« Votre sagesse a rendu ce décret : nos bras
sauront l'exécuter.

« Nous voulons une république fondée sur une vraie liberté, sur la liberté civile, sur la représentation nationale : nous l'aurons... Je le jure; je le jure en mon nom et en celui de mes compagnons d'armes. »

Ce discours fut suivi de vifs applaudissements des tribunes que le président rappela au silence. Le conseil était resté grave et calme.

Le président répondit ainsi au général :

« Général, le conseil des Anciens reçoit vos serments : il ne forme aucun doute sur leur sincérité et votre zèle à les remplir. Celui qui ne promit jamais en vain des victoires à la patrie ne peut qu'exécuter avec dévoûment ses nouveaux engagements de la servir et de lui rester fidèle. »

Le député Garat demande la parole ; mais le président lui ayant fait observer que d'après le décret que le Conseil venait de rendre, toute discussion restait interdite hors de Saint-Cloud, la séance fut levée aux cris de *vive la Républi-*

que! vive la Constitution ! — Depuis longtemps personne n'entendait plus par Constitution que les principes de souveraineté populaire et de représentation nationale, qui seuls étaient restés debout pendant nos orages civils, depuis le 18 fructidor... Le reste n'était plus qu'un arsenal d'où chaque parti tâchait de tirer des armes à son usage.

Dès la pointe du jour, les troupes se trouvaient réunies dans le jardin des Tuileries. En sortant de la séance des Anciens, Bonaparte les passa en revue ; et il commença l'exercice de son autorité par faire publier les deux proclamations suivantes :

Bonaparte, général en chef, aux citoyens composant la garde nationale sédentaire de Paris.

« Citoyens, le conseil des Anciens, dépositaire de la sagesse nationale, vient de rendre le décret ci-joint. Il y est autorisé par les articles 102 et 103 de l'acte constitutionnel.

« Il me charge de prendre les mesures pour

la sûreté de la représentation nationale. Sa translation est nécessaire et momentanée. Le corps législatif se trouvera à même de tirer la représentation du danger imminent où la désorganisation de toutes les parties de l'administration nous conduit.

« Il a besoin, dans cette circonstance essentielle, de l'union et de la confiance des patriotes : ralliez-vous autour de lui ; c'est le seul moyen d'asseoir la République sur les bases de la liberté civile, du bonheur intérieur, de la victoire et de la paix.

« BONAPARTE. »

Bonaparte, général en chef, aux soldats.

« Soldats :

« Le décret extraordinaire du conseil des Anciens est conforme aux articles 102 et 103 de l'acte constitutionnel. Il m'a remis le commandement de la ville et de l'armée.

« Je l'ai accepté pour seconder les mesures

qu'il va prendre, et qui sont tout entières en faveur du peuple.

« La république est mal gouvernée depuis deux ans. Vous avez espéré que mon retour mettrait un terme à tant de maux; vous l'avez célébré avec une union qui m'impose des obligations que je remplis; vous remplirez les vôtres, et vous seconderez votre général avec l'énergie, la fermeté et la confiance que j'ai toujours vues en vous.

« La liberté, la victoire et la paix replaceront la République française au rang qu'elle occupait en Europe, et que l'ineptie ou la trahison a pu seule lui faire perdre. Vive la République.

« BONAPARTE. »

Ces deux proclamations furent affichées sur tous les murs de la capitale. En moins d'une heure, les différents généraux se rendirent à leurs postes. Lefebvre fut nommé premier lieutenant de Bonaparte; Andréossi et Caffarelli, chefs de l'état-major général; Lannes.

commandant aux Tuileries ; Murat au conseil des Cinq-Cents ; Serrurier à Saint-Cloud ; Berryer aux Invalides, et Macdonald à Versailles. Moreau fut chargé de la garde du Luxembourg, où les directeurs Gohier et Moulins ignoraient encore le mouvement qui venait de s'accomplir. Sieyès et Roger-Ducos s'étaient rendus aux Tuileries, auprès du conseil des Anciens. Les directeurs, restés au Luxembourg, informés enfin de ce qui s'était passé, avaient mandé le général Lefebvre, commandant de Paris, pour rendre compte de sa conduite ; Lefebvre répondit que le décret des Anciens l'avait placé sous les ordres de Bonaparte ; et il apprit aux directeurs que la garde même du Directoire s'était rendue aux Tuileries. Barras avait déjà compris que toute résistance eût été inutile, et il s'était résigné à quitter ses fonctions : il envoya son secrétaire, Bottot, auprès de Bonaparte, pour l'en instruire et lui demander une garantie qui lui fut accordée, afin de pouvoir se retirer en sûreté à sa terre de Grosbois. Bonaparte, après avoir écouté favorablement le secrétaire de Barras pour la sauvegarde demandée, éleva tout-à-coup la voix, et la foule, qui l'entourait, entendit cette apostrophe adressée à Bottot, et prononcée d'un ton véhément :

« Qu'avez-vous fait de cette France que je vous avais laissée si brillante?... Je vous ai laissé la paix : j'ai retrouvé la guerre ! Je vous ai laissé des victoires : j'ai retrouvé des revers ! Je vous ai laissé des millions d'Italie : j'ai trouvé partout des lois spoliatrices et la misère !... Qu'avez-vous fait de cent mille Français que je connaissais, mes compagnons de gloire? — Ils sont morts !

« Cet état de choses ne peut durer : avant trois ans, il nous mènerait au despotisme. Mais nous voulons la république, assise sur les bases de l'égalité, de la morale, de la liberté civile et de la *tolérance politique*. Avec une bonne administration, tous les individus oublieront les factions dont on les fit membres, et il leur sera permis d'être Français. Il est temps enfin de rendre aux défenseurs de la patrie la confiance à laquelle ils ont tant de droits. A entendre quelques factieux, nous serions bientôt des ennemis de la république, nous qui l'avons affermie par nos travaux et notre courage : nous ne voulons pas de gens plus patriotes que les braves mutilés au service de la république. »

A onze heures du matin, le conseil des Cinq-Cents se réunit. — Un messager du conseil des Anciens est introduit : j'ordonne la lecture du décret de translation à Saint-Cloud, et je prononce aussitôt la levée de la séance. — L'assemblée se sépare aux cris de : Vive la république ! Vive la constitution !

Le même jour on lisait dans le *Moniteur* l'article suivant :

« On dit que les mesures du conseil des Anciens ont été motivées par la nécessité de prévenir et de déjouer les projets formés dans une réunion à l'hôtel de Salm, où s'étaient trouvés des personnages très marquants : projets qui

ne tendaient à rien moins qu'à réaliser le beau
rêve nourri par les Jacobins, depuis quelque
temps, de convertir les deux conseils en convention nationale, d'en écarter les hommes qui
déplaisent et de confier le gouvernement à un
comité de salut public, etc. — On parle du
rapport des lois sur l'emprunt forcé et les ôtages, de la clôture de la liste des émigrés, etc...
— Toutes les municipalités de Paris sont des-
tituées : L'administration en est confiée provisoirement aux commissaires du Directoire près
ces municipalités : ils communiquent d'heure
en heure avec l'administration centrale. Du
reste, Paris est si tranquille, que dans plusieurs
quartiers on ne se doutait encore de rien »

Nous fîmes distribuer avec profusion un
pamphlet intitulé : *Dialogue entre un député des
Anciens et un député des Cinq-Cents*. Cet écrit dé-
veloppait fort bien l'état de la question.

La translation à Saint-Cloud fut ainsi em-
portée sans sortir de la légalité... Elle n'éprouva
pas d'obstacles. Les barrières un moment fer-

mées se rouvrirent. Le ministre de la police et l'administration centrale firent publier en même temps les proclamations suivantes :

Le Ministre de la police générale à ses Concitoyens.

« Citoyens,

« La république était menacée d'une dissolution prochaine.

« Le corps législatif vient de saisir la liberté sur le penchant du précipice pour la replacer sur des bases inébranlables.

« Les événements sont enfin préparés pour notre bonheur et celui de la postérité.

« Que tous les républicains soient calmes, puisque leurs vœux doivent être remplis ; qu'ils résistent aux suggestions perfides de ceux qui ne cherchent dans les événements politiques que les moyens de troubles, et dans les troubles que la perpétuité des mouvements et des vengeances.

« Que les faibles se rassurent : ils sont avec les forts ; que chacun suive avec sécurité le cours de ses affaires et de ses habitudes domestiques.

« Ceux-là seuls ont à craindre et doivent s'arrêter, qui sèment les inquiétudes, égarent les esprits et préparent le désordre. Toutes les mesures de répression sont prises et assurées : les instigateurs des troubles, les provocateurs à la royauté, tous ceux qui pourraient attenter à la sûreté publique ou particulière, seront saisis et livrés à la justice.

« FOUCHÉ. »

La proclamation de l'administration centrale était moins vague que celle de Fouché : elle était conçue en ces termes :

« Citoyens, ce jour n'est point un jour d'alarmes : il vous promet, au contraire, une restauration générale.

« Le conseil des Anciens a fait usage du pouvoir que la constitution lui donne par l'art. 102. Ses intentions sont pures ; ses vues sont évidentes : il veut que le corps législatif soit placé de manière à ne pouvoir être distrait des grands intérêts auxquels il faut pourvoir avec promptitude.

« Nos braves délaissés dans leurs triomphes, comme ils l'étaient dans leurs revers ; les ressources de l'état encore plus entravées qu'épuisées : toutes les dépenses publiques et particulières suspendues ; tous les ateliers fermés ; le pauvre sans ouvrage, le propriétaire sans sûreté... La paix peut mettre un terme à tant de maux.

« Le conseil des Anciens en a conçu les vues ; il veut le rétablissement de l'ordre intérieur, la restauration de la liberté, de la propriété, et l'affermissement de la république.

« Les conseils ont besoin, pour accomplir ce grand dessein, d'être à l'abri des factions ; mais leur absence ne peut être que très courte : le lieu qu'ils ont choisi pour leurs séances est une assurance de la promptitude de leur retour.

« Le général Bonaparte, dans lequel tout citoyen, comme tout soldat, a placé une juste confiance, est chargé de veiller à votre sûreté.

à celle du corps législatif ; dans une circonstance aussi éminente, vous le verrez avec satisfaction s'acquérir une nouvelle gloire, celle de concourir, au milieu de vous, au salut de la patrie.

« Que chacun de vous espère donc le retour de la splendeur et de la prospérité nationales : nous allons recueillir enfin le fruit de tous les sacrifices que nous avons faits pour la république. »

Ainsi s'écoula la journée du 18 brumaire.

VIII

Séances à Saint-Cloud pendant la journée du 19. — Entrée imprévue de Bonaparte dans notre salle. — Je requiers la force armée. — Mon discours aux troupes.

Le 19, dans la matinée, les deux conseils étaient à Saint-Cloud.

Le gouvernement était dissous par la retraite de Barras et la division des autres directeurs, dont deux étaient avec nous; et les deux autres, Gohier et Moulins, ne voulaient pas quitter Paris, malgré le décret des Anciens.

Les séances ne s'ouvrirent pas avant midi. Le conseil des Anciens siégeait au premier, dans la galerie peinte par Mignard, et les

Cinq-Cents dans l'Orangerie, au rez-de-chaussée. Sur une estrade, au milieu de cette longue pièce, s'élevait notre bureau. Sieyès, Bonaparte et Roger-Ducos étaient dans la chambre de nos inspecteurs. Au moment où nous entrâmes en séance, Sieyès déplorait encore qu'on eût admis Jourdan, Augereau et quelques autres ; mais il montrait beaucoup de résolution, malgré l'inquiétude que le calme du général et l'aspect des troupes dont la cour était remplie ne pouvaient pas entièrement dissiper. Pour moi, je me croyais sûr de faire approuver par la majorité des Cinq-Cents les propositions que devaient, *sans retard,* nous transmettre les Anciens, et je ne prévoyais qu'une opposition de tribune à laquelle nous étions préparés : comment eussions-nous prévu ce qui allait arriver ?

La lecture du procès-verbal de la veille finissait à peine, que le député Gaudin était à la tribune : il devait l'occuper le premier, suivant le plan convenu entre nous. Gaudin prononça le discours suivant :

« Un décret du conseil des Anciens a transféré le lieu de cette séance dans la commune de Saint-Cloud. Nous y sommes réunis. Cette mesure extraordinaire doit être motivée sur des périls imminents. En effet, citoyens collègues, on a déclaré que des factions puissantes menaçaient de nous déchirer, et qu'il fallait leur arracher l'espoir de renverser la république, et rendre ainsi la paix à la France.

« Reportez vos regards sur la situation où vous étiez au 30 prairial ; vous voulûtes arracher à des usurpateurs l'empire qu'ils avaient pris sur la représentation nationale, et faire jouir le peuple de l'indépendance et du bonheur qu'il a mérités par son courage et son dévoûment ; et cependant la représentation nationale ne fut jamais plus impunément attaquée que depuis cette époque ; jamais les idées généreuses ne furent plus complètement méconnues. Il n'est pas d'événements où, depuis cette époque, vous n'ayez figuré comme tristes témoins ou comme acteurs dévoués.

« Jamais vous ne vîtes faire sous vos yeux

7

plus de pas rétrogrades vers les idées désor-
ganisatrices ; jamais vous ne fûtes plus en butte
ou aux suggestions royales ou aux fureurs dé-
magogiques. Les conspirateurs promenaient
la hache fatale sur toutes les têtes et ne la tenaient plus suspendue qu'à un fil. Il est temps,
représentants du peuple, de sauver la patrie,
de rétablir dans leur pureté les principes de la
révolution, de réintégrer tous les citoyens
dans l'exercice de leurs droits. Vous y par-
viendrez, si en brumaire vous montrez le dévoûment de fructidor.

« Dans ces circonstances, je demande :
1° Qu'une commission de sept membres soit
nommée pour faire un rapport sur la situation
de la république et les mesures de salut public
qu'il conviendrait de prendre ; 2° que cette
commission fasse son rapport séance tenante:
3° que toute proposition lui soit renvoyée ;
4° que toute détermination et délibération
soient suspendues jusqu'au rapport de la commission. »

Cette proposition, précédée de développe-
ments si courts et si vagues, commença l'attaque trop faiblement : quoique appuyée par
beaucoup de membres, elle n'eut pas de succès. La négligence des Anciens à nous expliquer les motifs de la translation donnait beau
jeu à nos adversaires et laissait libre carrière
à tous les soupçons. Un murmure de mécontentement suivit le discours de Gaudin ; et
Delbrel s'écria de sa place : *« Avant tout, la
constitution !* — La constitution ou la mort ! —
Les bayonnettes ne nous effraient pas... nous
sommes libres ici ! »

Un grand nombre de voix s'élèvent pour
applaudir Delbrel. Plusieurs s'écrient : « Point
de dictature !... A bas les dictateurs !... »
Et les acclamations de vive la constitution !
redoublent de violence et entraînent l'assemblée. Un député monte sur un siége et demande
que nous renouvelions tous, individuellement,
notre serment de fidélité à la constitution.
Cette demande est accueillie par un tonnerre
d'applaudissements. Plusieurs députés entou-

rent le bureau et menacent en répétant : « A bas les dictateurs! » Ceux de nos orateurs qui devaient soutenir la motion de Gaudin se taisent. — Pressé par ceux qui m'environnaient, je parviens à peine à dominer un moment leurs cris et à faire entendre ces mots :

« Je sens trop la dignité de président du conseil pour souffrir plus longtemps les menaces insolentes d'une partie des orateurs. Je les rappelle à l'ordre. »

Le tumulte s'appaise par degrés, et le député Grandmaison obtient la parole.

« Représentants du peuple, dit-il, la France ne verra pas sans étonnement que le conseil des Cinq-Cents, cédant au décret constitutionnel des Anciens, se soit rendu à Saint-Cloud sans apprendre le danger qui nous menaçait. — On parle de former une commission pour proposer des mesures de salut public ! Au lieu de penser aux mesures à prendre, il faudrait plutôt demander compte des mesures prises.

— On a parlé de factieux... nous les avons signalés depuis longtemps, et certes, ils ne nous épouvantent pas. Je demande qu'on s'informe des motifs qui nous ont amenés ici ; qu'on nous dise enfin quels sont les grands dangers qui menacent la constitution... Je dis la constitution, car tout le monde peut parler de la république. Reste à savoir quelle république l'on veut... Sera-ce celle de Venise ?... celle des États-Unis ?... Prétendra-t-on qu'en Angleterre la république et la liberté existent ?... Certes, ce n'est pas pour vivre sous de tels gouvernements que nous avons, pendant dix ans, fait tous les sacrifices imaginables, que nous avons épuisé nos fortunes. Le sang français coule depuis dix ans pour la liberté ; ce n'est pas pour avoir une constitution semblable à celle des États-Unis, ou un gouvernement semblable à celui de l'Angleterre. — Je demande qu'à l'instant tous les membres du conseil soient tenus de renouveler leur serment de fidélité à la constitution de l'an III ; je demande que nous fassions le serment de nous opposer à toute espèce de tyrannie. Je demande en outre un message au conseil des Anciens pour que nous soyons instruits du plan et des détails de cette vaste conspiration, qui était à la veille de renverser la république. »

Un grand nombre de députés applaudit ce discours, dans lequel, comme on l'aura observé, la démocratie même des États-Unis ne paraissait pas suffisante à l'orateur, qui termine cependant par réclamer la constitution directoriale, comme si cette constitution était plus démocratique que celle d'Amérique?... Mais la conséquence du raisonnement ne signifie plus rien, dans ces mouvements passionnés d'une assemblée nombreuse, aussi irrésistibles momentanément que ces grains impétueux qui bouleversent l'Océan. — Il fallait céder à l'orage et louvoyer, en attendant la proposition des Anciens, dont nous ne devions être que les auxiliaires... ou bien il fallait engager nous-mêmes la lutte contre toutes nos conventions ; un pareil changement eût été par trop désavantageux. Je n'hésitai donc pas un instant à céder à l'orateur Grandmaison. Sa proposition fut approuvée sans opposition D'après mon exemple, nos amis gardèrent le silence et laissèrent voter l'appel nominal de tous les députés pour la prestation individuelle du serment. Le temps exigé pour cette opération me parut précieux pour que les Anciens fissent enfin ce qu'ils devaient faire... On procéda donc à l'appel nominal, que je regarde comme une des fautes capitales de nos adversaires dans cette journée.

Le serment fut prêté par chaque membre, sans que le messager des Anciens parût. — Un député demande alors que le conseil informe le Directoire de son installation à Saint-Cloud, et qu'il adresse une proclamation au peuple sur le même sujet. L'envoi d'une proclamation est voté sans opposition. Sur le message au Directoire, Darracq parle ainsi :

« Pour s'adresser au Directoire, il faudrait savoir où il se trouve.

« Quant à moi, je l'ignore. S'il existait quelque part, je pense qu'il nous l'eût annoncé. La constitution lui ordonne de siéger dans la commune où est le corps législatif... Eh bien ! le Directoire est-il à Saint-Cloud?—Il est donc inutile de voter un message qui ne saurait où aller. Je demande l'ordre du jour. »

Malgré cette objection de fait, le message fut voté. Cette délibération se terminait à peine, lorsqu'une lettre de Barras me fut remise : un secrétaire en fit la lecture au milieu de la curiosité générale; elle était ainsi conçue :

« Citoyens représentants, engagé dans les affaires publiques uniquement par ma passion pour la liberté, je n'ai consenti à accepter la première magistrature de l'état que pour le soutenir dans les périls par mon dévoûment, pour préserver des atteintes de leurs ennemis les patriotes compromis dans sa cause, et pour assurer aux défenseurs de la patrie ces soins particuliers qui ne pouvaient leur être plus

constamment donnés que par un citoyen an-
ciennement témoin de leurs actions héroïques
et toujours touché de leurs besoins.

« La gloire qui accompagne le retour du
guerrier illustre, à qui j'ai eu l'honneur d'ou-
vrir le chemin, les marques éclatantes de confiance que lui donne le corps législatif, et le
décret de la représentation nationale, m'ont
convaincu que, quel que soit le poste où m'appelle désormais l'intérêt public, les périls de
la liberté sont surmontés et les intérêts des armées garantis. Je rentre avec joie dans les
rangs des simples citoyens; heureux, après
tant d'orages, de remettre entiers et plus res-
pectables que jamais les destins de la république dont j'ai partagé le repos.

« Salut et respect.

« BARRAS. »

Cette retraite de Barras, détruisant la majorité directoriale restée à Paris, enlevait à nos
adversaires leur point d'appui, au moment
même où ils commençaient à manœuvrer de

ce côté. Le gouvernement se trouvait dissous. Cet incident arrivait à propos pour nous faire gagner un temps dont les Anciens allaient sans doute profiter. Les Jacobins, déconcertés, demandèrent une seconde lecture de la lettre ; elle fut faite sur-le-champ. Plusieurs membres s'écrièrent : « Qu'est-ce que cela veut dire ? Est-ce une démission ? » — Après un quart d'heure d'incertitude, on demanda la formation de la liste décuple pour remplacer le directeur démissionnaire... Je saisis avec empressement cette proposition qui exigeait au moins une heure... Et j'allais faire préparer le scrutin, mais le député Crochon, pour mieux faire encore, demanda un délai.

« Nous ne pouvons pas, dit-il, mettre une telle précipitation à nommer les candidats de la magistrature suprême. Il faut y réfléchir. La constitution nous a donné le droit de passer cinq jours à former la liste des dix candidats à chaque place de directeur. Ce délai a pour motif l'importance de cette élection. La constitution nous a presque défendu d'élire

ex abrupto... C'est peut-être parce qu'on n'a
pas assez médité sur les choix qui ont été faits
que les événements actuels arrivent. Je demande l'ajournement à demain. »

Ce délai paraissait si raisonnable, que la
majorité allait le prononcer... L'échec, reçu
au commencement de la séance allait être
réparé. L'un des Jacobins, le plus redoutable
par son talent et son courage, Grandmaison,
qui occupait la tribune, ne savait trop lui-
même comment combattre le délai demandé
par Crochon, et j'étais impatient de lever la
séance, et de connaître enfin le motif du retard des Anciens. Grandmaison jetait des
doutes sur la légalité de la démission de Barras : « Avant tout, disait-il, il faut savoir si
cette démission n'est pas l'effet des circonstances extraordinaires où nous nous trouvons.
Je crois bien que parmi les membres qui se
trouvent ici, il en est qui savent d'où nous
sommes partis, et où nous allons. »

L'orateur est interrompu tout à coup par
un grand mouvement qui se manifeste vers la

porte, et qui semble être le commentaire vivant de ses dernières paroles... Au lieu du message des Anciens tant désiré, des militaires paraissent à la porte de notre salle... Le général Bonaparte entre ; il est suivi de quatre grenadiers de notre garde ; d'autres soldats, des officiers, des généraux occupent l'entrée de l'Orangerie. L'assemblée entière, indignée de ce spectacle, est debout... Une foule de membres s'écrient : « Des hommes armés ici !... » On se précipite au devant du général, on le presse, on l'apostrophe, on le repousse quelques pas en arrière... Plusieurs bras lèvent des poignards et le menacent... Les grenadiers font à Bonaparte un rempart de leurs corps et l'entraînent hors de la salle. Un d'eux, le grenadier Thomé, eut son habit percé. Les spectateurs s'étaient précipités dans les jardins par les fenêtres basses de l'Orangerie.

Tout cela s'était passé en un clin-d'œil... La consternation de nos amis, les cris de fureur de nos adversaires, la retraite précipitée des

militaires, le cliquetis des armes, faisaient en
ce moment ressembler l'Orangerie à un pêle-
mêle de champ de bataille. — Je m'efforçai
de rappeler l'assemblée à l'ordre ; je pris la
parole pour tâcher de justifier mon frère...
J'annonçai qu'il venait sans doute nous rendre
compte de quelque affaire pressante, et je de-
mandai si l'on prétendait le condamner sans
l'entendre... Rien ne put calmer la tempête.

Comme notre position était changée!...
Depuis l'ouverture de la séance, je ne cher-
chais qu'à retarder la lutte jusqu'à la proposition formelle du conseil des Anciens, et nous
avions réussi. C'était de là que l'action devait
partir. Mais au lieu de cette démarche solennelle et convenue, le général, non mandé, se
présente avec des militaires !

Point de députation des Anciens ; point de
membres du Directoire avec lui!... Il se présente et s'avance dans l'enceinte législative, au
moment où les esprits étaient le plus exaltés
et où Grandmaison annonçait un projet de
dictature militaire!... Il s'avance avec un en-

tourage de soldats naturellement suspect à toute assemblée civile ! — On ne pouvait plus mal faire. — On ne pouvait payer de sa personne plus à contre-temps. — Là, mon frère hasarda audacieusement la plus mauvaise manœuvre qu'il eût jamais faite. Sieyès la désapprouvait en dehors de la salle ; et moi je fus frappé de stupeur quand de ma place j'aperçus, au bout de cette immense galerie, des panaches militaires. Cette manœuvre devait nous perdre. Jusque-là nous dominions nos adversaires. La translation était fondée en droit ; elle était accomplie. Les militaires ne faisaient qu'obéir au décret. Le gouvernement était dissous par la démission de Barras. Il fallait en venir nécessairement à une transaction entre les deux conseils. Oui, nous eussions amené la majorité des Cinq-Cents à confirmer le consulat provisoire et les commissions législatives, dont l'œuvre devait être soumise à la votation populaire. L'entrée du général fut sur le point de renverser les combinaisons préparées avec tant de soins. Heu-

reusement nos adversaires ne surent pas profiter de leur immense avantage, en se bornant
à censurer le général, en protestant qu'ils n'é-
taient pas libres à Saint-Cloud et en se sépa-
rant. J'aurais été forcé, moi-même, de mettre
aux voix ces propositions... mais ils se laissèrent emporter hors de toute limite, et ils sor-
tirent eux-mêmes de la légalité pour en appeler
à la force matérielle. Cela était insensé, quand
six mille hommes couvraient la place de Saint-
Cloud, prêts à défendre les Anciens et leur
général. C'était vouloir combattre une armée
avec quelques vociférations.

Les excès auxquels nous allons voir les Jacobins se porter effacèrent la faute commise
par le général en violant notre enceinte. Cette
double faute peut nous confirmer, une fois de
plus, que la violence est un mauvais conseiller,
et que le génie ne peut pas toujours suppléer
à l'expérience.

La retraite de mon frère et notre trouble
avaient tellement enivré les vainqueurs qu'ils
perdirent leur sang-froid, et nous rendirent,

en un moment, l'avantage que nous avions perdu ; je fut prompt à le ressaisir...

Au milieu de l'agitation générale qui s'arrêtait à chaque instant, et après diverses propositions émises et abandonnées, une voix retentissante s'écrie : *Hors la loi !... Hors la loi Bonaparte et ses complices !* Cent voix répétèrent ce cri comme un signal... Le bureau est envahi. *Marche, président*, me dit un collègue peu courtois ; *mets aux voix le hors la loi.* L'horreur de ces interpellations me poussa, presque à mon insu, à descendre de l'estrade. Je laissai le fauteuil au vice-président Chazal, dont le coup d'œil sûr et le courage ne pouvaient être surpassés ; j'étais arrêté par une foule qui m'accablait de reproches et hurlait sur tous les tons : « Hors la loi ! — Reprends ton fauteuil, et ne nous fais pas perdre de temps. Aux voix le hors la loi du dictateur !... » Je me trouvais alors debout au pied de la tribune. En jetant les yeux autour de moi, j'aperçus le brave général Frégeville, l'un de nos inspecteurs, qui, calme au milieu du tumulte, cherchait à m'approcher ; il y parvint avec peine : » Faites avertir le général que le président a été réduit à abandonner le fauteuil, et qu'il requiert la force armée pour protéger sa sortie. Avant dix minutes, il faut interrompre la séance, ou je ne réponds plus de rien. » Frégeville s'éloigna ; et je parvins à monter à la tribune, où je demeurai quelque temps en observation : le tumulte continuait, et je n'étais pas pressé de parler. Nos amis, indignés des cris *hors la loi*, adressaient des reproches aux plus exaltés, et ils parvinrent à obtenir un peu de silence ; Bertrand du Calvados en profita avant moi : je lui cédai la parole sans regret.

« Lorsque le conseil des Anciens, dit Bertrand, a transféré le corps législatif en cette commune, il en avait le droit constitutionnel ; quand il a nommé un général commandant en chef, il a usé d'un droit qu'il n'avait pas. Je demande que vous commenciez par déclarer que le général Bonaparte n'est pas le commandant des grenadiers qui composent votre garde. »

Cette proposition, appuyée pas des acclamations nombreuses, me fit croire que les généraux Jourdan et Augereau allaient être nommés chefs de la garde du Conseil, et qu'ils s'étaient déterminés à tirer l'épée contre Bonaparte et les Anciens. Nous ne pouvions empêcher cette nomination qui eût amené le conflit que nous désirions éviter à tout prix. Je me rassurai bientôt : aucun des généraux ne se montra dans ce moment décisif. —Leur ami, le député Talot, se présenta seul à la tribune, où je lui cédai mon tour comme je l'avais cédé à Bertrand. — J'attendais.

« Non, dit cet orateur, le conseil des Anciens n'a pas eu l'intention de nous faire délibérer à huis-clos et entourés de baïonnettes. Eh quoi ! nous représentons le peuple français ; et c'est dans un village, au milieu d'une force armée considérable, dont nous ne disposons pas , que nous délibérons ! Non

que je craigne les soldats qui nous entourent :
ils ont combattu pour la liberté ; ce sont nos
parents, nos frères, nos fils, nos amis. Nous
avons été nous-mêmes dans leurs rangs. Et
moi aussi, j'ai porté la giberne de la patrie ;
je ne puis craindre le soldat républicain dont
les parents m'ont honoré de leur suffrages.
Mais je déclare que la constitution a été outra-
gée. Le conseil des Anciens n'avait pas le droit
de nommer un général ; Bonaparte n'avait pas
le droit de pénétrer dans cette enceinte sans y
être mandé : voilà la vérité. Quant à vous,
vous ne pouvez voter plus longtemps dans une
pareille position ; vous devez retourner à Paris;
marchez-y revêtu de votre costume, et votre
retour y sera protégé par les citoyens et les
soldats. — Je demande qu'à l'instant vous
décrétiez que les troupes qui sont actuellement
dans cette commune font partie de votre
garde. Je demande que vous adressiez un
message au conseil des Anciens pour l'inviter à rendre un décret qui nous ramène à
Paris. »

Il était évident que Talot, proposant en même temps de voter et de partir pour Paris, ne s'était pas entendu avec Bertrand dont la motion précise était bien plus dangereuse. La nomination d'un autre général était en ce moment la seule mesure à craindre, parce qu'elle pouvait jeter de l'incertitude parmi les troupes. Je vis, avec l'espoir d'éviter le combat, le peu d'accord et l'hésitation des jacobins. Les cris *de hors la loi* avaient été condamnés par la plus grande partie d'entre eux ; quelques-uns, revenus de leur première exaltation, désapprouvaient ces cris de poscription ; d'autres les trouvaient trop précoces. — Mais ils retentissaient toujours à mes oreilles... Nous ne pouvions croire à la modération de nos adversaires.

Grandmaison voulut ramener le conseil à déclarer la nomination du général Bonaparte inconstitutionnelle. — Crochon réclama la parole contre cette proposition. On voulut l'intimider par des clameurs : « Vous cherchez, lui criait-on, à nous faire perdre le temps : Aux

voix la motion de Grandmaison! » Ces clameurs furent, cette fois, combattues par les
clameurs de nos amis qui reprenaient courage :
« Laissez parler! Il n'y a plus de liberté! »
Crochon était à la tribune ; il fut certainement
l'un de ceux qui me secondèrent avec le plus
de constance.

« Non, dit-il, nous ne devons pas prendre une
mesure précipitée. Le décret de translation est
constitutionnel ; il fallait bien nommer un
général pour en assurer l'exécution. Vous voulez déclarer que Bonaparte, choisi par les Anciens, n'est pas le commandant de votre garde...
Mais c'est donner le signal d'un combat. »

Beaucoup de voix appuyèrent Crochon ; mais
Destrem, Blin, Delbrel, demandèrent que l'on
délibérât sur la proposition de Grandmaison ;
le vice-président ne pouvait pas résister plus
longtemps. Je pris alors la parole après l'avoir
jusque-là cédée à tant d'orateurs qui se neu-
tralisaient réciproquement par leurs motions
contradictoires.

« Je ne viens pas m'opposer directement à la proposition ; mais il est temps de faire observer au Conseil que les soupçons élevés si légèrement ont amené de biens tristes excès. Une démarche, même irrégulière, pouvait-elle faire oublier si vite tant de hauts faits, tant de services rendus à la patrie?... » — Des murmures m'interrompent.... On s'écrie : « Le temps se passe! aux voix la proposition! » Je reprends en dominant les murmures : « Non, vous ne pouvez voter une pareille mesure avant d'entendre le général. Je demande qu'il soit appelé à la barre. — J'entends dire que vous ne le reconnaissez pas... Mais une partie de ce Conseil le reconnaît, mais le Conseil des Anciens, l'armée, le peuple le reconnaissent. — Ces interruptions concertées qui étouffent la voix de vos collègues sont indécentes... Elles continuent... elles augmentent... Je n'insisterai donc pas davantage. Quand le calme sera rétabli parmi vous, quand l'inconvenance extraordinaire qui s'est manifestée aura complètement disparu, vous rendrez justice vous-mêmes à qui elle est due, dans le silence des passions. »

Je ne pus pas en dire davantage : des rumeurs venant de la cour alarmaient nos adversaires. Ils redoublèrent de violence pour m'empêcher de continuer et pour voter contre le général. Je pris alors le parti de me dépouiller de ma toge, et, en la déposant sur la tribune, je pus à peine m'écrier encore :

« Il n'y a plus ici de liberté. N'ayant plus le moyen de me faire entendre, vous verrez au moins votre PRÉSIDENT, en signe de deuil public, déposer ici les marques de la magistrature populaire. »

Ce mouvement de déposer ma toge sur le bord de la tribune produisit plus d'effet que mon discours. Beaucoup de députés pensèrent que c'était un signal convenu. Nos amis, devenus plus actifs, m'environnent. Une foule de membres m'invitent à reprendre le fauteuil... On se lève de tous les bancs, dans une agitation

difficile à caractériser, mais qui me parut plutôt un retour à de meilleurs sentiments. Je des-
cends de la tribune, au pied de laquelle j'avais
aperçu le général Frégeville, à la tête d'un bon
nombre de nos amis, qui s'étaient réunis pour
me défendre. Environné de ce groupe, je fais
quelques pas, et au lieu de monter au fauteuil,
je marche vers la porte... Le détachement que
j'avais requis s'avançait vers moi... L'officier
qui le commandait me dit : « Citoyen président
nous voici par l'ordre du général. » Je lui réponds à haute voix : « Nous vous suivrons ; ou-
vrez-nous le passage. » Et en me retournant vers
le vice-président, je lui fais signe de rompre la
séance. Beaucoup de membres, outre le groupe
qui m'entourait, se lèvent en s'écriant : « Sui-
vons notre président. » D'autres s'écrient : « Il
n'y a plus de conseil : la liberté a été violée ! »

Cette accusation n'était pas fondée : le dévouement de nos grenadiers avait été requis
par moi, comme président, chargé de la police
de la salle. Lorsqu'une partie de l'assemblée
était en butte aux menaces et aux violences,

c'était bien le cas d'user de mon droit. La première entrée des grenadiers avec le général fut irrégulière ; mais cette seconde fois, l'entrée des soldats était dans l'ordre. Le général ne pouvait pas, sans se rendre coupable, refuser d'obtempérer à ma réquisition ; et lorsqu'une assemblée ose mettre des citoyens hors la loi, ceux qu'elle condamne ainsi à la mort sans jugement ont le droit de se défendre et de repousser leurs assassins.

A peine hors de l'Orangerie, je me précipite dans la cour, où mon frère, immobile et soucieux, était à cheval, au milieu des groupes et des généraux : « *Un cheval pour moi, général !.. un cheval !... et un roulement de tambour !...* » En un clin-d'œil, je me trouve sur le cheval d'un dragon. Le roulement avait été suivi d'un profond silence. J'adresse aux troupes ce discours :

« Français, le président du conseil des Cinq-Cents vous déclare que l'immense majorité de ce conseil est, en ce moment, sous la terreur de quelques représentants à stylets qui assiégent la tribune, menacent de mort leurs collègues, et leur proposent les délibérations les plus affreuses.

« Je vous déclare que ces audacieux brigands, inspirés sans doute par le génie fatal du gouvernement anglais, se sont mis en rebellion contre le conseil des Anciens, en demandant la mise *hors la loi* du général chargé d'exécuter le décret de ce Conseil... comme si nous étions encore à ces temps affreux de leur règne où ce mot de *hors la loi* suffisait pour faire tomber les têtes les plus chères à la patrie.

« Je vous déclare que ce petit nombre de furieux se sont mis eux-mêmes hors la loi par leurs attentats contre la liberté de leurs collègues. Au nom de ce peuple qui, depuis tant d'années, est la victime ou le jouet de ces misérables enfants de la terreur, je confie aux guerriers le soin de délivrer la majorité des représentants du peuple, afin que, protégés contre les stylets par les baïonnettes, nous puissions délibérer en paix sur les intérêts de la république.

« Général, et vous, soldats, et vous tous, citoyens, vous ne reconnaîtrez pour députés de la France que ceux qui se rendent avec leur président au milieu de vous. — Quant à ceux qui persisteraient à rester dans l'Orangerie pour y voter des *hors la loi*, que la force les expulse!... Ces proscripteurs ne sont plus les représentants du peuple, mais les représentants du poignard... Que ce titre leur reste... qu'il les suive partout... et lorsqu'ils oseront se montrer à leurs commettants, qui les désavouent, que tous les doigts accusateurs les désignent sous ce nom mérité de représentants du poignard! »

Des acclamations bruyantes m'avaient interrompu à chaque phrase. Le général donna sur-le-champ l'ordre de dissoudre l'assemblée. Un détachement de la garde législative s'avança, et en quelques minutes la salle était vide. Une partie des députés m'avaient suivi. Les autres se retirèrent après une sommation réitérée, et se dispersèrent dans les jardins et dans le village de Saint-Cloud.

Plusieurs écrivains ont avancé qu'en parlant aux troupes, sur la place de Saint-Cloud, j'avais calomnié nos adversaires; qu'il n'y eut point de poignard tiré, point de menaces de mort, enfin que tous ces excès furent supposés pour autoriser notre usurpation... Le bon sens du public a su apprécier ces étranges accusations. Des hommes de parti n'ont vu peut-être, ou n'ont voulu voir que ce qui leur convenait. D'autres n'ont écrit qu'après les événements, et ils ont écrit cependant avec la même assurance que s'ils avaient tout vu... Ils ont fait, comme à l'ordinaire, des livres avec des livres. C'est tout simple. Mais que pèse tout cela contre la notoriété publique, constatée par les actes officiels du temps, contre les témoignages des acteurs principaux, contre le décret qui accorde une pension au grenadier Thomé, pour avoir couvert de son corps son général?

Quelle histoire est plus appuyée, que celle de brumaire, sur des documents authentiques? Quels événements ont eu plus de témoins?

Nous avons agi, parlé devant le peuple et l'armée. Mille voix auraient démenti les fables qu'on aurait eu la témérité d'inventer. Ceux qui ont tant de peine à croire aux poignards de Saint-Cloud nous permettront d'être moins incrédules, nous qui avons été exposés à leurs coups.

Quant au reproche d'avoir dissout par la force armée une pareille assemblée, ces messieurs en parlent bien à leur aise... Ils ignorent probablement ce que signifiait ce décret de mise *hors la loi*... suspendu pendant plus d'une heure sur nos têtes, et qui eut été prononcé sans mon inébranlable résistance et celle du vice-président Chazal. — Qu'ils apprennent donc qu'un tel décret, renouvelé des beaux jours de 93, n'est rien moins qu'un arrêt de mort, et une invitation à tous les citoyens de courir sus à ceux qui en sont frappés. — C'est une attaque bien autrement directe que celle des fameuses ordonnances de juillet. — Ce n'est pas un seul poignard, mais mille poignards tournés contre des proscrits privés tout

à la fois de défenseurs, de juges et de jurés!...
C'est violer, non des article règlementaires,
mais des articles fondamentaux du pacte social... C'est condamner, sans forme de procès,
ceux qu'il plaît à la majorité d'assassiner ! —

Quiconque saisit cette arme empoisonnée
devient un misérable assassin, malgré tous les
cris de *vive la constitution!* étrange accompa-
gnement de sa fureur. — Quiconque fait ainsi
un appel public au meurtre, si le meurtre re-
tombait sur sa propre tête, aurait mérité son
sort.

Et que dire de nos metteurs *hors la loi,* quand
on pense qu'il s'agissait de mettre aux voix
un décret de mort contre Bonaparte ! et de le
faire mettre aux voix par Lucien Bonaparte?...
Certes, c'eût été la première fois qu'un président eût prononcé la condamnation de son
frère *, et sa propre condamnation. C'eût été

---

* Nous avons souvent entendu des républicains énergiques, pour
ne rien dire de plus, faire un reproche à Lucien Bonaparte de cet
acte de courage. « Nouveau Timoléon, s'écrient-ils, il devait
mettre aux voix la *mise hors la loi* de son frère. »

Telle ne pouvait être la ligne de conduite d'un homme de la

la première fois que, par un seul assis ou levé,
une assemblée eût frappé de mort, avec une
partie de ses membres, les premiers généraux
de la république, le conseil des Anciens et

trempe de Lucien BONAPARTE, d'un esprit *à racines dans le cœur,*
si l'on peut s'exprimer ainsi. Il eut toujours horreur de la guerre
fraternelle, malgré les trop justes raisons et les occasions qu'il
eût de la faire, de la faire même avec succès, ainsi que certaines
parties de ses Mémoires encore inédites le prouveront évidemment.
Mais LUCIEN n'a jamais transigé avec les principes de sagesse et
d'hu , ité, qui règlent toutes les actions de l'homme vraiment
vertueux. Toute sa conduite publique et privée, toutes ses théories politiques, et même ses inspirations poétiques, portent cette empreinte sacrée de droiture et de philanthropie. C'est ce sentiment,
absolu, inflexible chez lui, et s'élevant, en fait d'opinion morale,
au-dessus de tous les préjugés vulgaires et scolastiques divinisés
depuis tant de siècles, qui lui fit hardiment placer les deux
BRUTUS aux enfers, lorsque dans sa majestueuse épopée de
CHARLEMAGNE, il donne la description de ce lieu de châtiment.
Nous ne pouvons mieux en faire juger qu'en citant le passage tout
entier :

> « Dans la troupe maudite on voit ces homicides,
> « Qui, de leur propre sang méconnaissant la voix
> « Et cachant leurs forfaits sous le manteau des lois,
> « Immolèrent leurs fils de leurs mains parricides :
> « Ici TIMOLÉON git près de MANLIUS,
>   « Ici les deux BRUTUS,
> « Cruels ambitieux, héros de l'imposture...
> « Oui, malgré les clameurs de l'aveugle univers,
> « Les premiers des liens sont ceux de la nature ;
> « Et celui qui les brise appartient aux enfers.

*(*NOTE *des dépositaires des OEuvres posthumes et de tout
le portefeuille de* LUCIEN BONAPARTE.*)*

8*

deux directeurs ! — C'eût été assez bien faire les affaires des rois coalisés contre nous que de les débarrasser d'un seul coup de tant de héros vainqueurs de l'Italie, de l'Allemagne et de l'Égypte, et surtout des vainqueurs futurs de Marengo, d'Hoëllinden, d'Iéna et d'Austerlitz !

Si ces prétendus patriotes exclusifs méritaient ainsi une couronne civique, c'était donc à la main de notre grand ennemi, c'était à la main de Pitt qu'il appartenait d'attacher notre couronne sur le front de nos proscripteurs… Et si quelques mois auparavant, les canons de la tour de Londres avaient appris au peuple anglais indigné la mort de Bonaparte, ils ne fussent pas restés muets sans doute pour l'hécatombe de Saint-Cloud, dont Bonaparte n'eût été que la première victime !

Si les écrivains qui m'ont jugé si légèrement s'étaient rappelé les circonstances que je viens d'exposer, ils auraient senti que mon discours sur la place de Saint-Cloud, fut ce qu'il devait être… « Président ! mets aux voix la mise hors

« la loi de Bonaparte. » Quand ces cris retentissaient à mes oreilles, comment eussé-je pu
trouver des expressions trop ardentes?.. Ah!
s'ils avaient vaincu, nos adversaires se se-
raient-ils contentés de nous expulser?.. Pauvre
France! l'échafaud eût dévoré de nouveau
tes plus illustres, tes meilleurs citoyens;
et dans le Nord, comme dans le Midi, comme
dans l'Orient, le crêpe funèbre eût voilé tous
les drapeaux de la république.

IX

Séance du soir et Comité secret des Anciens.

Lorsque ma voix autorisait à bon droit la mise *hors la salle* des metteurs *hors la loi* (suivant l'expression de Sieyès), j'ignorais ce qui s'était passé au conseil des Anciens : je reviens donc d'une demi-heure en arrière.

Cette demi-heure devait être employée, suivant le plan convenu, à prononcer le décret des Anciens pour le consulat provisoire, à le proclamer aussitôt devant le peuple et les troupes, et à l'adresser au conseil des Cinq-Cents par une grande députation de vingt membres. On sentira sans peine combien ce

mode, en conservant toujours un appui civil
à la force armée, eût prouvé aux plus exaltés
qu'il n'y avait plus d'espoir de détruire un fait
accompli. La nomination de trois consuls et
de deux commissions législatives eût d'ailleurs
rassuré la grande majorité de nos adversaires,
auxquels on avait persuadé que nous voulions
établir un dictateur militaire.

Malheureusement, le général crut devoir se
présenter au conseil des Anciens, et il fit con-
sumer en révélations incomplètes et au moins
inutiles cette demi-heure fatale dont chaque
minute nous semblait bien lourde dans l'Orangerie.

Je transcris ici le procès-verbal de cette
partie de la séance des Anciens, qui fut immédiatement suivie de l'entrée de mon frère aux
Cinq-Cents. Il me suffit de répéter que ces
deux démarches mirent tout en péril, et que,
sans elles, nous n'eussions pas été réduits à la
triste nécessité de faire évacuer notre salle par
la force armée.

A quatre heures après midi, un mouvement

se manifeste dans le conseil ; tous les membres
se remettent en place. — On annonce le général Bonaparte ; il entre suivi de ses aides-de-
camp. Il demande la parole ; le président la
lui accorde.

LE GÉNÉRAL BONAPARTE :

« Représentants du peuple,

« Vous n'êtes pas dans des circonstances or-
dinaires ; vous êtes sur un volcan. Permettez-
moi de vous parler avec la franchise d'un soldat, avec celle d'un citoyen zélé pour le bien
de son pays ; et suspendez, je vous en prie, votre jugement jusqu'à ce que vous m'ayez entendu.

« J'étais tranquille à Paris, lorsque je reçus
votre décret qui me parlait de vos dangers, et
de ceux de la république. A l'instant j'appe-
lai, je retrouvai mes frères d'armes, et nous
vînmes vous donner notre appui ; nous vînmes
vous offrir les bras de la nation, parce que vous
en étiez la tête. Nos intentions furent pures,
désintéressées ; et pour prix du dévoûment que

nous avons montré hier, aujourd'hui déjà on nous abreuve de calomnies. On parle d'un nouveau César, d'un nouveau Cromwel ; on répand que je veux établir un gouvernement militaire !

« Représentants du peuple, si j'avais voulu opprimer la liberté de mon pays, si j'avais voulu usurper l'autorité suprême, je ne me serais pas rendu aux ordres que vous m'avez donnés ; je n'aurais pas eu besoin de recevoir cette autorité du sénat. Plus d'une fois, et dans des circonstances extrêmement favorables, j'ai été appelé à la prendre. Après nos triomphes en Italie, j'y ai été appelé par le vœu de la nation ; j'y ai été appelé par le vœu de mes camarades, par celui de ces soldats qu'on a tant maltraités depuis qu'ils ne sont plus sous mes ordres, de ces soldats qui sont obligés encore aujourd'hui d'aller faire dans **nos** départements de l'Ouest une guerre horrible, que la sagesse et le retour aux principes avait calmée, et que l'ineptie ou la trahison vient de rallumer.

« Je vous le jure, représentants du peuple, la patrie n'a pas de plus zélé défenseur que moi : je me dévoue tout entier pour faire exécuter vos ordres ; mais c'est sur vous seuls que repose son salut, car il n'y a plus de Directoire. Quatre des membres qui en faisaient partie ont donné leur démission, et le cinquième a été mis en surveillance pour sa sûreté.

« Les dangers sont pressants ; le mal s'accroît. Le ministre de la police vient de m'avertir que dans la Vendée plusieurs places venaient de tomber dans les mains des chouans.

« Représentants du peuple, le conseil des Anciens est investi d'un grand pouvoir, mais il est encore animé d'une plus grande sagesse. Ne consultez qu'elle et l'imminence des dangers. Prévenez les déchirements ; évitons de perdre ces deux choses pour lesquelles nous avons fait tant de sacrifices... la liberté et l'égalité. »

« LINGLET : Et la constitution ?

« BONAPARTE : La constitution !... vous l'avez

violée au 18 fructidor ; vous l'avez violée au 22 floréal ; vous l'avez violée au 30 prairial. — La constitution ! elle est invoquée par toutes les factions, elle a été violée par toutes! Elle ne peut être pour nous un moyen de salut, parce qu'elle n'obtient plus le respect de personne.

« Représentants du peuple , j'espère que vous ne voyez pas en moi un misérable intrigant qui se couvre d'un masque hypocrite. J'ai fait mes preuves de dévouement à la république, et toute dissimulation m'est inutile. Je ne vous tiens ce langage que parce que je désire que tant de sacrifices ne soient pas perdus. La constitution a été violée plusieurs fois, et puisqu'il ne nous est plus permis de lui rendre le respect qu'elle devrait obtenir, sauvons au moins les bases sur lesquelles elle repose ; sauvons l'égalité et la liberté. Trouvons le moyen d'assurer à chaque homme la liberté qui lui est due, et que la constitution directoriale n'a pas su lui garantir.

« Je vous déclare qu'aussitôt que les dangers qui m'ont fait confier des pouvoirs extraordinaires seront passés, j'abdiquerai ces pouvoirs. Je ne veux être, à l'égard de la magistrature que vous aurez nommée, que le bras qui la soutiendra et fera exécuter ses ordres. »

Le conseil accorde au général Bonaparte séance dans son sein.

CORNUDET : « Vous venez de l'entendre, représentants du peuple ! Qui douterait maintenant qu'il y ait eu conspiration ? Celui à qui vous avez décerné tant d'honneurs, celui devant qui l'Europe et l'univers se taisent d'admiration, sera-t-il regardé comme un vil imposteur ? — Je vous le déclare : j'ai participé à la mesure de translation qui vous a été proposée, parce que j'avais eu connaissance des propositions qui avaient été faites au général Bonaparte. Quelle qualification faudra-t-il donner maintenant aux doutes de ceux qui demandent des preuves ? »

FARGUES : « Puisqu'on a demandé des preuves, je propose qu'on fasse imprimer à trois exemplaires le discours du général Bonaparte. »

Cette proposition est adoptée.

Le général Bonaparte : «S'il faut s'expliquer tout-à-fait, s'il faut nommer les hommes, je les nommerai. Je dirai que les directeurs Barras et Moulins m'ont proposé de me mettre à la tête d'un parti tendant à renverser tous les hommes qui ont des idées libérales. »

Quelques voix : « Un comité général ! »

Beaucoup d'autres : « Non ! non ! que tout soit dit en public ? »

Laussat : « Je m'oppose à la formation d'un comité général. Puisque le général Bonaparte vient de nous dénoncer la conspiration et les conspirateurs, il faut que tout soit dit et fait à la face de la France. Nous serions les plus indignes des hommes si nous ne prenions pas, à cet instant, toutes les mesures qui peuvent sauver la patrie. »

Cornudet : « Je demande que le général continue de s'expliquer en public ; et, après, je ferai la motion de demander au conseil des Cinq-Cents s'il veut proposer, et à l'instant même, des mesures de salut public. Quand il s'agit de sauver la patrie, tout le monde a part à la magistrature, et les représentants du peuple ne sont que les premiers désignés pour proposer les mesures de salut.

« Songeons que si la liberté est perdue pour nous, elle est perdue pour l'univers entier. Je demande que le général Bonaparte continue : il n'y a plus rien à cacher après ce qu'il a dit. »

Duffau : « Je vois dans l'assemblée beaucoup d'agitation, tandis qu'il ne devrait y avoir que du calme.

« Que sommes-nous, nous, si ce n'est des républicains, des représentants du peuple français ? On a parlé d'une conspiration : nous devons la connaître : nous devons en recevoir les détails du *général Bonaparte*, puisque notre commission des inspecteurs n'a pas voulu nous les donner. »

LE PRÉSIDENT LEMERCIER : « Je ne souffrirai pas que nos collègues soient calomniés. La commission des inspecteurs n'a jamais refusé de donner des détails sur la conspiration, elle en a déjà donné ; il n'y a qu'un moment qu'un de ses membres disait encore qu'elle en donnerait bientôt de plus grands. Je rends la parole à l'orateur. »

DUFFAU : « Je demande que le Conseil se forme en comité secret pour entendre le général Bonaparte. »

PLUSIEURS VOIX : « Non! non! publiquement! »

Le Conseil arrête que le général sera entendu en public.

LE GÉNÉRAL BONAPAATE : « Je vous le répète, représentants du peuple, la constitution, trois fois violée, n'offre plus de garantie aux citoyens; elle ne peut entretenir l'harmonie, parce qu'il n'y a plus de diapason : elle ne peut pas san-

ver la patrie, parce qu'elle n'est plus respec-
tée de personne. Je le répète encore : qu'on ne
croie pas que je tiens ce langage pour m'emparer du pouvoir après la chute des autorités ;
le pouvoir, on me l'a offert encore depuis mon
retour à Paris. Les différentes factions sont
venues sonner à ma porte ; je ne les ai point
écoutées, parce que je ne suis d'aucune cote-
rie, parce que je ne suis que du grand parti
du peuple français.

« Plusieurs membres du conseil des Anciens
savent que je les ai entretenus des propositions
qui m'ont été faites. Je n'ai accepté l'autorité
que vous m'avez confiée que pour soutenir la
cause de la République. Je ne vous le cache
pas, représentants du peuple, en prenant le
commandement, je n'ai compté que sur le
conseil des Anciens. Je n'ai point compté sur
le conseil des Cinq-Cents qui est divisé ; sur le
conseil des Cinq-Cents, où se trouvent des
hommes qui voudraient nous rendre la Convention, les comités révolutionnaires et les
échafauds ; sur le conseil des Cinq-Cents, où

les chefs de ce parti viennent de prendre séance en ce moment, et d'où viennent de partir des émissaires chargés d'aller organiser un mouvement à Paris.

« Que ces projets criminels ne vous alarment pas : environnés de mes frères d'armes, je saurai vous en préserver : j'en atteste votre courage, vous, mes braves camarades… Vous, aux yeux de qui on voudrait me peindre comme un ennemi de la liberté… Vous, grenadiers, dont j'aperçois d'ici les bonnets… Vous, braves soldats, dont j'aperçois les baïonnettes que j'ai si souvent fait tourner à la honte de l'ennemi, à l'humiliation des rois, et que j'ai employés à fonder des républiques.

« Et si quelque orateur, payé par l'étranger, parlait de me mettre *hors la loi*, qu'il prenne garde de porter cet arrêt contre lui-même ! S'il parlait de me mettre *hors la loi*, j'en appellerais à vous, mes braves compagnons d'armes ; à vous, braves soldats que j'ai tant de fois menés à la victoire ; à vous, défenseurs de la république, dont j'ai partagé les périls pour

affermir la liberté et l'égalité... Je m'en remet-
trais, mes braves amis, au courage de vous tous
et à ma fortune.

« Je vous invite, représentants du peuple, à
vous former en comité secret, et à y prendre
des mesures salutaires que l'urgence des dangers commande impérieusement; vous trou-
verez toujours mon bras pour exécuter vos résolutions. »

Le président : « Général, le conseil vient de
prendre une décision pour vous inviter à dé-
voiler dans toute son étendue le complot dont
la république était menacée. »

Le général Bonaparte : « J'ai eu l'honneur de
dire au conseil que la constitution directoriale
ne pouvait sauver la patrie, et qu'il fallait arriver à un ordre de choses tel que nous puissions la retirer de l'abime où elle se trouve.
La première partie de ce que je viens de vous
répéter m'a été dite par deux membres du Directoire que je vous ai nommés et qui ne seraient pas plus coupables qu'un très grand

nombre d'autres Français, s'ils n'eussent fait qu'articuler une chose connue de la France entière. Puisqu'il est reconnu que la constitution ne peut plus sauver la république, hâtez-vous donc de prendre des mesures pour la retirer du danger, si vous ne voulez pas recevoir de sanglants et d'éternels reproches du peuple français, de vos familles et de vous-mêmes. »

Après avoir prononcé ces mots, le général se retire.

Il déclinait ainsi les révélations que le conseil lui demandait en comité secret ; il avait enfin senti qu'il fallait sortir du défilé périlleux où il s'était engagé.

La séance, un moment suspendue, est reprise pour entendre le message du conseil des Cinq-Cents, qui annonçait notre réunion en majorité dans l'Orangerie.

Courtois : « Je déclare au Conseil qu'en ce moment on organise un mouvement à Paris ; mais nous saurons y résister. »

Un mouvement tumultueux se manifeste tout-à-coup dans le Conseil et dans le palais. On entend partir de cette cour les cris répétés de : *Vive Bonaparte!*

D'ALPHONSE : « Le général vous l'a dit, la constitution n'obtient plus les respects de personne, parce qu'elle a été violée : j'estime beaucoup les talents d'un général qui réunit l'admiration de l'Europe et la reconnaissance de la France ; mais cela n'empêchera pas de dire ma pensée.

« Le 18 fructidor a creusé l'abîme dans lequel la constitution est tombée ; mais je n'ai point participé au 18 fructidor. Quelles que soient les destinées réservées à la France, je désire qu'elle sache que j'ai traversé la révolution avec une âme pure. Je ne la souillerai point aujourd'hui. Les maux qui nous environnent sont immenses, mais nous devons être au-dessus d'eux. Ces maux ont pris naissance dans l'abus qu'on a fait de la constitution.... Eh bien! c'est dans la constitution qu'il faut trouver le remède. On peut donner à la France un directoire digne d'elle et propre à sauver la liberté ; mais toutes les mesures doivent être prises par le corps législatif entier et conformément à la constitution. Tout ce qui s'écartera de cette base, loin de sauver la république, rétablira la royauté sur les débris de la liberté publique.

« Je demande que nous fassions tous le serment de fidélité à la constitution de l'an III ! »

Cornudet : « Je demande au Conseil de ne plus se laisser enchaîner par de prétendus principes et par des abstractions funestes qui entraînent beaucoup plus loin qu'on ne veut. Qu'entend-on par constitution ?... Est-ce la souveraineté du peuple, la liberté, l'égalité, la division et l'indépendance des pouvoirs ? je lui jure fidélité : je veux conserver ces bases sacrées ; mais rappelez-vous que c'est au nom de la liberté qu'un directoire coupable vous demanda d'attenter à la liberté de la république. Le 18 fructidor a vu mutiler la représentation nationale. Cent cinquante représentants du peuple ont été arrachés du corps législatif par la main parricide qui, le 22 floréal, ferma les portes de la législature aux députés envoyés par le peuple. Peut-on appeler un pouvoir national, un pouvoir conservateur, celui qui assassine la nation dans la première des autorités? Ne nous attachons donc pas à des abstractions, mais aux véritables principes et à la raison. Il est impossible qu'une organisation où le pouvoir exécutif peut mutiler la représentation nationale, où le corps législatif est obligé de s'insurger pour se défendre, il est impossible qu'une pareille organisation subsiste. Cet état de choses est contraire à la raison et à la souveraineté nationale.

« Je demande l'ordre du jour sur la proposition de notre collègue Dalphonse, et qu'il soit fait un message au conseil des Cinq-Cents pour lui communiquer les faits dénoncés par le général Bonaparte, et lui demander s'il veut proposer des mesures pour sauver la patrie. »

GUYOMARD : « Nous avons prêté au 1er vendémiaire le serment de maintenir la constitution,
et je pense comme notre collègue Dalphonse
que nous ne devons aujourd'hui entendre ni
faire aucune proposition contraire à la constitution.

« Au surplus, que nous prêtions ou non le
serment aujourd'hui, nous n'en sommes pas
moins liés par celui que nous avons prêté pré-
cédemment. Si nous sommes réduits au point
que les partisans de la constitution doivent
être regardés comme des factieux, je déclare
que je serai plutôt seul de cette faction que de
manquer à mon serment. La constitution est
au-dessus du corps législatif : il ne peut pas y
toucher.

« Je demande que le Conseil ne prenne que
des mesures sages et constitutionnelles. »

FARGUES, entrant dans la salle : « Le général
Bonaparte vient de me faire appeler, et je suis
douloureusement affecté d'être obligé de rendre au Conseil ce qu'il m'a dit : — Vous savez

avec quelle bienveillance il a été accueilli parmi vous; en sortant de notre salle il est allé dans le conseil des Cinq-Cents, où il a été accueilli par des poignards! »

Courtois : « Par Aréna? »

Fargues : « Par Aréna, à l'égard duquel le général a commis le crime d'avoir porté la lumière dans des marchés scandaleux, passés à l'armée d'Italie.

« Le général vous demande de prendre des mesures pour déjouer le mouvement que des émissaires partis de la salle des Cinq-Cents sont allés organiser à Paris. Je vous propose de vous former en comité général. »

Le Président : « Je crois avoir donné quelques preuves de dévoùment à la constitution de l'an III et de courage à la défendre : toute la France sait que je lui fis élever un autel dans le sanctuaire des lois, au moment où il était à peine permis d'en parler. Je le fis pour parer au retour de la charte monstrueuse de 91, ou du code sanguinaire de 93. Je porte à notre pacte social la même vénération : mais je n'attache pas un sens littéral et judaïque à quelques articles réglementaires qui énervent sa force : je m'attache aux grands principes de ce pacte, à la liberté, à l'égalité, à la souveraineté du peuple, à la faculté imprescriptible pour tout homme de parler et d'écrire.

« Je conclus à ce que le conseil se forme en comité général. »

Cette proposition est adoptée. A sept heures, la séance devient secrète.

Pendant ce comité des Anciens, j'étais parvenu près de mon frère, sur la place de Saint-Cloud.

La salle des Cinq-Cents, à peine évacuée, je priai ceux de mes collègues qui m'entouraient sur la place, et surtout nos inspecteurs, de se répandre de tous côtés, dans les jardins et hors même de Saint-Cloud, pour ramener ceux qui voudraient nous rejoindre, et qui, tout en désapprouvant la motion de mise hors la loi, étaient restés par faiblesse avec ceux dont ils condamnaient les excès.

Mon frère et Sieyès m'engagèrent ensuite à me présenter au conseil des Anciens, quoiqu'il fût en comité secret, afin de leur rendre compte de ce qui s'était passé aux Cinq-Cents et de hâter leur décision. Sieyès m'apprit alors, en peu de mots, qu'en présence de mon frère il s'était manifesté dans ce conseil une opposition inattendue ; que les députés Dalphonse et Guyomard y avaient demandé le serment à la constitution directoriale, et que Bonaparte, interpellé de préciser les révélations qu'il avait cru devoir faire, s'était brusquement retiré au lieu de satisfaire à la demande des Anciens. On aura vu, en effet, par le procès-verbal, que l'attaque de Dalphonse et de Guyomard n'étaient pas à dédaigner : les discours de ces députés étaient simples et modérés, et n'en étaient que plus dangereux. Heureusement nos adversaires des Cinq-Cents avaient été moins bien inspirés..., sans quoi, peut-être, nous eussions été réduits à remplacer les directeurs démis-

sionnaires, et à renoncer à tout projet de réforme.

Je sentais combien l'hésitation des Anciens
pouvait devenir fatale ; je me rendis à ce conseil, où je fus admis tout de suite, et mon rapport me parut y exciter la plus vive approbation. Ce rapport, fait en comité secret, ne fut
pas publié dans les journaux. Je traçai d'abord
avec véhémence, mais avec sécurité, le tableau
de notre triste séance, et à la fin de ma harangue, j'attaquai sans ménagement ceux qui
hurlaient depuis une heure pour demander
nos têtes.

« Les voilà, disais-je, les constitutionnels
par excellence : ils parlent sans cesse d'ordre
légal, de liberté... et ils veulent juger, sans
les entendre, tous ceux qui ne pensent pas
comme eux ! — Ils jurent sans cesse fidélité à
une constitution qu'ils ont violée vingt fois, et
qui n'est plus dès-lors qu'une lettre morte...
Et ils ne se font pas scrupule de condamner
en masse tous ceux qui suivent votre direc-

tion! — Dans quel article de la constitution ont-ils trouvé le droit de mettre hors la loi leurs collègues et ceux que la confiance du peuple, l'amour de l'armée, la vénération de l'Europe environnent depuis longtemps? — Pourquoi, puisqu'ils s'arrogent sur nous droit de vie et de mort, ne pourrions-nous pas nous arroger le même droit sur eux? — Ont-ils le privilége du *hors la loi?* Qui le leur a donné?... Certes, ce n'est pas le peuple; car si le peuple a mis pour un moment Bonaparte hors la loi, ce fut pour l'affranchir des lois de la santé publique, afin de contempler quelques jours plus tôt le plus illustre de ses défenseurs. Pendant la tourmente d'horrible mémoire qui, en 93, couvrit la France de deuil et frappa d'horreur le monde entier, l'atroce jurisprudence du *hors la loi* ne fut pas inconnue sans doute...; mais en 93, vit-on jamais, je ne dis pas des Français, mais des hommes, des hommes vouloir forcer un frère à prononcer la mort de son frère?... Le vit-on jamais?... Eh bien! représentants du peuple, c'est ce que vient de voir l'Orangerie de Saint-Cloud... Auprès de ce spectacle, l'image de la Convention recule effacée. Les imitateurs ont surpassé le modèle.

« Mais, je le proteste devant vous au nom du conseil que je préside, ces constitutionnels du *poignard et du hors la loi*, n'étaient qu'en très petit nombre parmi nous. Ils avaient entraîné, par la calomnie et par la fanatique et fausse application des meilleurs principes, des hommes trop faciles à se laisser égarer... « Une dictature militaire, disaient-ils va être établie. Plus de représentation populaire ; plus de république ; le sabre pour toute loi. » — C'est ainsi qu'ils ont ébloui, entraîné ces citoyens, ces collègues généreux, que chaque minute ramène autour de nous, et dont j'entends d'ici la voix répondre à mon appel. Eux et nous, nous attendons que les pères de la patrie s'expliquent.

« Après avoir détourné de nous les périls de l'émeute, après nous avoir signalé le mal présent, il est temps de nous indiquer le remède pour l'avenir. Ne tardez pas davantage à proclamer le résultat de vos méditations ; que les faisceaux consulaires, ce signe glorieux des libertés républicaines de l'ancien monde, se lèvent, pour démentir nos calomniateurs et rassurer le peuple français, dont le vote universel ne tardera pas à consacrer vos travaux. »

Les témoignages d'une adhésion unanime avaient souvent accueilli ces paroles ; ma sortie de la salle fut immédiatement suivie d'un décret pour l'ajournement des deux conseils au 1ᵉʳ nivôse, et pour la nomination d'une commission exécutive provisoire, et d'une commission législative. Le retour d'un assez grand nombre de nos collègues dispersés n'était pas assez certain pour que les Anciens voulussent l'attendre ; et ils votèrent leur décret malgré l'absence de l'autre conseil. Ils suspendirent ensuite leur séance pour nous laisser le temps, si cela était possible, de nous réorganiser.

Je dois déclarer ici que, dans l'horrible scène

de la mise *hors la loi,* le général Jourdan n'était pas dans la salle des Cinq-Cents. Je l'aperçus un moment, près de la porte, sérieux et calme comme à son ordinaire.

En sortant de la séance des Anciens, j'étais retourné dans la salle des Inspecteurs, où se trouvaient Bonaparte et les deux ex-directeurs. « Le citoyen Sieyès avait raison, me dit le général ; quels fous furieux ! J'avoue qu'il valait mieux les consigner. » Encore tout ému des dangers imprévus que nous venions de courir, je repondis, de premier mouvement : « *Il valait encore mieux ne pas aller aux conseils.* »

« Oh ! oh ! dit alors mon frère en s'adressant à Sieyès, le citoyen président nous gronde, et il n'a peut-être pas tort : chacun son métier. »

Il acheva cette réponse en me félicitant sur mon succès au Conseil des Anciens.

X

**Séance de nuit des Cinq-Cents. — Serment et proclamation des trois
Consuls provisoires.**

Sieyès n'était qu'à demi satisfait. Il m'enga-
gea instamment à réunir tout ce qu'on pourrait de notre conseil, et à rentrer en séance.
« Il ne faut publier le décret des Anciens que
s'il est impossible de réunir les Cinq-Cents.
Nous vous laissons le temps, et il serait bien
désirable que vous puissiez réussir. »

Je pensais comme Sieyès; sans le concours
de notre conseil, la révolution me paraissait
incomplète.

Je quittai les trois futurs consuls, et je ren-
trai dans l'Orangerie, d'où j'expédiai de nom-

breux messagers pour y réunir nos collègues. Il était nuit. — En moins d'une heure tout fut remis en ordre. On régla l'ordre de la parole, suivant les propositions dont chaque orateur inscrit s'était chargé ; et, vers neuf heures, la séance de nuit du 19 brumaire commença.

Nous adressâmes d'abord un message aux Anciens, pour leur annoncer que nous étions réunis. Les Anciens rapportèrent de suite leur décret, rendu deux heures auparavant, et ils attendirent les résolutions de notre conseil.

J'avais repris le fauteuil : j'ouvris la séance par ce discours :

« Représentants du peuple,

« La république mal gouvernée, tiraillée dans tous les sens, minée par le désordre des finances, croulait de toutes parts. Point de confiance, et dès-lors nous avons vu tarir toutes nos ressources... Le gouvernement faible et divisé n'a pu empêcher la guerre civile de se rallumer au milieu de nous... Les puissances étrangères ne trouvant plus de garantie, toute espérance de paix semblait éloignée pour longtemps.

« Les bons citoyens sentaient le mal, et leurs vœux appelaient le remède. La sagesse du conseil des Anciens s'est alarmée : les yeux toujours fixés sur les tentatives ténébreuses d'une faction redoutable, les Anciens ont transféré notre résidence hors de Paris.

« C'est à nous maintenant qu'appartient l'initiative. — C'est nous qui devons proposer les moyens d'arrêter la dissolution générale qui nous menace. Le peuple et l'armée nous regardent... Pourrions-nous craindre de sonder la plaie ? Pourrions-nous, par une lâche pusillanimité, changer en découragement les espérances de la république ?

« Entraîné par le torrent de l'opinion, un membre du Directoire a déposé la magistrature suprême. Deux autres l'ont imité, persuadés que la cause de nos maux est dans les défauts de notre système politique, ou du moins dans son insuffisance. Il n'y a plus de pouvoir exécutif. — L'expérience ne nous a que trop prouvé, depuis cinq ans, que l'organisation de notre constitution est aussi vicieuse que ses bases sont sacrées. Cette organisation incohérente nécessite chaque année une secousse politique ; et ce n'est pas pour éprouver des secousses annuelles que les peuples se donnent des constitutions.

« Le sentiment national universel attribue nos maux aux vices de la nôtre. Placés, comme nous le sommes, à l'abri des factions, nous n'aurions pas d'excuse si nous ne faisions pas ce que nous semble exiger le bien de la patrie. En ne prêtant pas un prompt appui à l'édifice qui chancelle, en oubliant que le salut de la république est la loi suprême, en abandonnant le timon à la secte jacobine, nous appellerions sur nous l'exécration méritée du siècle présent et des siècles futurs.

« Il existe des principes constitutionnels : nous voulons tous maintenir et consolider ces principes ; mais il n'existe plus d'organisation constitutionnelle, puisque celle qui existait a été violée tour à tour par tous les partis.

« On peut en imposer par des mots vides de sens à des peuples ignorants et crédules ; mais on ne peut en imposer au peuple le plus instruit et le plus impatient de la terre.

« Croyez-vous que ce peuple ignore par qui, comment le Directoire et les conseils législatifs ont été fréquemment décimés ? Ce pacte social, qui n'a pu garantir aucun droit, et dont tant de mains ont arraché les pages à peine écrites, n'est plus qu'une arme offensive ou défensive dont chaque faction cherche à se prévaloir à son tour. Les droits respectifs des autorités et des individus n'étant pas garantis par ce pacte, devons-nous tarder à le modifier ? Et si nous tardions encore, les fauteurs des dangers de la patrie ne ressaisiraient-ils pas, à la première occasion, l'avantage que nous aurions laissé échapper ?

« Telle est la question que chacun de vous doit se faire. Méditez et prononcez ensuite dans toute la liberté de votre âme sur la situation de la patrie. Cet ancien palais des rois, où nous siégeons dans cette nuit solennelle, atteste que la puissance est bien fragile, et que la gloire seule est durable !...

« Si nous sommes indignes aujourd'hui du premier peuple de la terre ; si, par des considérations pusillanimes et déplacées, nous ne changeons pas l'état de désordre où il se trouve ; si nous décevons l'attente universelle, nous perdons par cela même tout titre à la gloire, et nous ne garderons pas longtemps la puissance : d'autres mains nous l'arracheront justement.

« Quand la mesure des maux est comble, l'indignation des peuples s'approche... Et les chefs, les législateurs timides et malhabiles tombent sous le fardeau qu'ils n'ont pas su porter.

« J'ai cru, représentants du peuple, dans un pareil moment, pouvoir vous adresser ce langage. De vos délibérations dépendent la prospérité publique et la paix européenne... Vous devez secouer tous les liens des jours tranquilles, et ne vous souvenir que du bonheur de la France. Pour assurer ce bonheur, marchons sans hésitation au but indiqué par le conseil des Anciens. — Je demande la formation d'une commission spéciale de neuf membres, chargée de vous proposer les moyens d'améliorer la situation de la république. »

Cette commission est nommée de suite; elle se retire pour remplir son mandat, séance tenante.

Le député Bérenger prend la parole : il retrace les événements de la journée, les dangers courus personnellement par le général Bonaparte, au moment de son entrée au conseil des Cinq-Cents, les périls du corps législatif lui-même, la sagesse des mesures prises pour le sauver, le courage, le dévoùment et la fidélité dont toutes les troupes ont donné des preuves égales.

On demande, de plusieurs points de la salle à la fois, qu'un témoignage de reconnaissance nationale soit donné aux citoyens qui ont concouru dans cette journée au salut de la patrie.

Le conseil prend, au milieu des acclamations les plus vives, la résolution suivante :

« Le conseil des Cinq-Cents, considérant que le général Bonaparte, les généraux et l'armée sous ses ordres ont sauvé la majorité du corps législatif et la république, attaquée par une minorité composée d'assassins ;

« Considérant qu'il est instant de leur témoigner la reconnaissance nationale ;

« Déclare qu'il y a urgence ; »

Et après avoir déclaré l'urgence, le conseil prend la résolution suivante :

« Art. Ier. Le général Bonaparte, les généraux Lefebvre, Murat, Gardanne, les autres généraux et particuliers dont les noms seront proclamés, les grenadiers du corps législatif et du Directoire exécutif, les sixième, soixante-dix-neuvième, quatre-vingt-sixième de ligne, les huitième et neuvième de dragons, et les grenadiers qui ont couvert le général Bonaparte de leur corps, ont bien mérité de la patrie. »

Les ennemis du 18 brumaire ont accusé d'imposture le premier considérant de cet acte où il est dit que *la majorité du corps législatif* fut sauvée par le général Bonaparte !

Dans les corps politiques divisés en deux chambres, il n'est pas rare de voir une chambre s'attribuer sans raison la plénitude du pouvoir et ne compter l'autre pour rien. Le parlement britannique offre * en ce moment même à l'observateur un exemple frappant de cette figure de rhétorique, *pars pro toto*, substituée bizarrement à un calcul positif. Le ministère Melbourne a pour lui une petite majorité de la chambre des communes, et il a contre lui une très grande majorité de la chambre haute.

En additionnant ces nombres, il est évident que ce ministère a contre lui la majorité du parlement, même en oubliant que la chambre

* Ceci a été écrit en 1836, sous le ministère Melbourne.

des lords, indépendamment du nombre d'individus, est l'égale de l'autre chambre. Et cependant, on ne cesse de répéter, verbalement et par écrit, et il est presque généralement reconnu, que le ministère Melbourne a la majorité parlementaire!... Cette assertion, numériquement erronée, tient à ce qu'on se laisse insensiblement entraîner à ne plus compter pour membres du parlement que les membres de la chambre élective, quoiqu'il paraisse bien étrange à un homme impartial que l'on puisse refuser à un pair au moins autant de valeur parlementaire qu'à un député des communes. — Cette personnalité de corps, si l'on peut s'exprimer ainsi, cet égoïsme collectif, qui fausse aujourd'hui sous nos yeux le calcul de la majorité parlementaire britannique, faussait en 1800 le calcul de la majorité législative française, et, dans notre cas, l'erreur était encore plus choquante, puisque le conseil des Anciens, sortant comme l'autre conseil de l'élection populaire, il n'y avait pas même un mauvais prétexte pour ne pas le compter dans la représentation nationale.

Cette majorité législative n'était pas cependant exempte de toute alarme. Les uns affirmaient, d'après leurs lettres de Paris, que les Jacobins s'étaient retirés dans les faubourgs où ils avaient rallié de nombreux partisans... D'autres annonçaient qu'à l'exemple des fédéralistes du temps de la Gironde, ils s'étaient dispersés dans les départements, et qu'ils en appelaient aux armes. On nous reprochait de n'avoir pas arrêté les exaltés ; et dans la crainte d'une guerre intestine, nous n'étions pas éloignés de regretter la modération de notre victoire.

Dans le courant de la nuit, de nouveaux rapports augmentèrent nos alarmes ; des dispositions et des mesures violentes se manifestèrent dans les deux conseils. J'y cédai comme les autres ; et mes paroles, au lieu d'être plus calmes, devinrent plus emportées qu'au moment même de la lutte. Vers dix heures, je remontai à la tribune où je prononçai le discours suivant :

« Ce matin, des assassins, revêtus de la toge, ont fait retentir ces voûtes des cris de leur fureur. Votre courage, celui des soldats de la patrie ont neutralisé tous leurs efforts... A cette heure, leur règne est passé. Mais achevons de peindre à la France épouvantée la hideuse physionomie de ces enfants de la terreur : ce qui se dit dans cette nuit du 19 brumaire, au milieu de cette enceinte, sera répété par la postérité.

« Pendant que votre commission travaille à remplir son mandat, permettez-moi de vous entretenir pour la dernière fois de ceux qui avaient juré notre perte.

« Ils répétaient sans cesse les mots d'attentat à la constitution et de serments violés !... Eux qui affectaient aujourd'hui tant de scrupules politiques, lorsqu'il s'agissait d'améliorer le sort de la patrie, que disaient-ils, que faisaient-ils, il y a quelques mois ?... Se souvenaient-ils de leurs serments, lorsque, conspirant dans les ténèbres et ralliant tous les éléments révolutionnaires, ils rappelaient la discorde et l'épouvante au sein de la république, et désignaient nos têtes à la proscription? Pensaient-ils que nous eussions oublié, que la France eût oublié ces jours de deuil où les emblèmes de la terreur paraissaient de nouveau sur l'horizon?... Leurs projets de convention, de comité de salut public, comment les accordaient-ils avec leurs serments à la constitution directoriale?—Qu'avaient-ils fait de leurs serments, ce jour où, dans leur caverne du Manége, profanant leur caractère de législateurs, ils se mêlaient aux assassins pour diriger les poignards sur leurs collègues?... Était-ce par amour de la constitution qu'ils s'écriaient, au milieu de leurs sicaires, que nos têtes n'étaient plus populaires, et que le peuple devait, en nous frappant, se sauver lui-même? Audacieux conspirateurs, ils provoquaient alors à l'insurrection... Aujourd'hui, devenus tout à coup scrupuleux, ils invoquaient cette charte sur laquelle ils ont imprimé depuis longtemps leurs mains ensanglantées !

« Ils espéraient faire déborder une seconde fois, sur notre sol, le torrent de leur domination sanglante, et ils ne se trouvaient pas alors retenus par la digue constitutionnelle ! Ils viennent de nous opposer aujourd'hui cette digue comme un obstacle insurmontable. C'est ainsi que leurs convictions dépendent de leurs passions du moment. Ils changent de masque, mais leur figure est toujours la même... C'est celle de 93 ! ! !

« Cette hideuse figure vient de se démasquer tout entière. Le moment est venu de la retracer sans ménagement aux regards de nos commettants.

« Nous avions gardé le silence sur ces complots, parce que nous avions présumé que nos adversaires préféraient la générosité à la justice... Mais ils sont habitués à prendre la générosité pour de la faiblesse ; nous devons cesser d'être généreux.

« Ils parlent toujours du peuple et au nom
du peuple! Eh bien, je l'évoque aujourd'hui
ce peuple français répandu sur le sol de la
grande république, ce peuple dont les millions
de suffrages seront appelés bientôt à juger nos
travaux, ce peuple immense et souverain qui
ne se concentre pas dans la population d'une
commune... Je l'évoque autour de cette tribune... Que ses flots nous pressent : qu'il écou-
te... et qu'il prononce entre nous et nos adversaires.

« Depuis que la constitution de l'an III a
été mise en activité, les démagogues ne cessent
de conspirer contre elle pour lui substituer
leur code chéri de 93. Ils crurent, il y a quatre
mois, voir arriver le moment favorable. Ils
conspiraient alors le jour et la nuit... et c'était
sans doute en faveur du peuple, car ils voulaient lui rendre les inappréciables bienfaits
du maximum, des suspects et des emprunts
forcés!... les tribunaux révolutionnaires et les
échafauds, complément nécessaire de ces premiers bienfaits, n'eussent pas tardé à les suivre

pour achever ce qu'ils appelaient le bonheur commun !

« La patrie fut un moment en proie aux ennemis du dehors ; et comme s'ils avaient attendu ce signal, ils s'élancèrent aussi en vautours sur la patrie.

« Voulaient-ils alors la constitution de l'an III, ces sénateurs intègres qu'un zèle de conservation dévore aujourd'hui ?... La voulaient-ils lorsque des hordes déguenillées, ramassées par leurs ordres et poussées autour des deux palais législatifs, préludaient à notre assassinat par les injures ?... Des voix féroces nous poursuivaient sur notre passage... Eux, observaient, écoutaient complaisamment les cris de mort qui nous menaçaient !... Ces hommes-bourreaux, ces femmes-furies souriaient à leurs sourires ! Ils fraternisaient ensemble !...

« Oui, nous avons vu des législateurs traverser ces files de brigands d'un air calme et d'un pas lent, comme le triomphateur qui savoure à longs traits l'encens populaire ! Ils

montraient leurs cartes à ces groupes infer-
naux, et ils étaient salués du titre de députés
fidèles!... Ils étaient fidèles en effet aux doc-
trines de 93 ! Et ils osaient aujourd'hui simuler
un fanatisme ardent pour la constitution directoriale ! — C'en est trop : il est passé le temps
de l'indulgence ; les hommes de bien se sont
aussi *fédérés ;* ils ont senti que la guerre civile
même serait préférable à l'infamie d'un tel
joug.

« Mais vous, pères de la patrie, vous qui
voulez donner à la république le repos au dedans et la paix au dehors, vous vous êtes enfin
séparés de ces hommes que leur petit nombre
doit épouvanter. Leur groupe proscripteur est
livré pour tout châtiment à la contemplation
du public, à l'animadversion des citoyens et
des guerriers, à l'horreur du monde.

« Et nous aussi, nous sommes en présence
de nos contemporains. — Lorsque naguère
des hurlements de mort étouffaient ici la voix
des représentants de trente millions de Français, j'ai déposé la toge sur cette tribune... Je

rougirais de l'avoir reprise, si, délivrés du joug des démagogues, vous pouviez reculer devant la haute initiative qui vous appartient.

« Je demande que votre commission soit entendue sans désemparer, et que, dans cette séance décisive, nous votions toutes les mesures nécessaires au salut de la république. »

Le conseil adopte ma proposition.

Après une demi-heure d'attente, le rapporteur de la commission des neuf, Boulay de la Meurthe se présente à la tribune. Il établit la nécessité de constituer un état provisoire et intermédiaire pendant lequel on préparera les meilleurs moyens de remédier aux défauts de l'organisation constitutionnelle.

« Nous l'avons tous reconnu, dit-il, notre pacte social est vicieux sous le rapport de la division des pouvoirs. La forme du gouvernement est telle, qu'elle ne peut se maintenir que par des perturbations continuelles. Tantôt le pouvoir exécutif a pu, à son gré, chasser du corps législatif les membres qui lui faisaient ombrage, et tantôt le corps législatif a pu renverser du fauteuil directorial les magistrats qu'il ne voulait pas y laisser.

« Les journées des 18 fructidor, 22 floréal et 50 prairial ont prouvé les funestes effets de l'organisation actuelle des pouvoirs.

« Le résultat de ces changements imprévus, de ces oscillations perpétuelles a dû être le mécontentement général, la perte du crédit public, qui ne peut se vivifier que par la stabilité du gouvernement. Il faut faire cesser un état qui nous mènerait bientôt à une dissolution totale, et, pour y parvenir, il faut apporter des changements à la charte directoriale, pour la rasseoir sur des bases durables.

« Ces bases sont la souveraineté du peuple, l'unité, l'indivisibilité de la république, la liberté, la propriété et la sûreté.

« Mais en ce moment, nous n'avons plus de directoire ; quatre directeurs ont donné leur démission ; le cinquième est mis en état de surveillance. Il faut, à leur place, recourir à

un gouvernement provisoire. Avant de réparer
les vices d'un pacte tant de fois impunément vio-
lé, et dont il n'existe plus depuis longtemps que
l'ombre, il faut un gouvernement ferme et provisoire, qui assure la paix intérieure et extérieure ; il faut une direction forte et sage, qui
rende à notre malheureuse patrie le calme
dont elle a besoin, la liberté pour laquelle elle
a tout fait.

« C'est dans ces vues que votre commission
vous propose le projet de résolution dont il va
vous être donné lecture. »

Le commissaire Villetard succède à Boulay
de la Meurthe, et lit le projet ci-après :

« Le conseil des Cinq-Cents, considérant la
situation de la république, déclare l'urgence,
et prend la résolution suivante :

« Art. 1er. Il n'y a plus de directoire ; et ne
sont plus membres de la représentation nationale, pour les excès et les attentats auxquels se
sont constamment portés le plus grand nom-

bre d'entre eux, notamment dans la séance de ce matin, les individus ci-après nommés : (suivent 62 noms.) +

« Art. 2. Le corps législatif crée provisoirement une commission consulaire exécutive, composée des citoyens Sieyès, Roger-Ducos et Bonaparte, général; ils porteront le nom de *Consuls de la république française*.

Art. 3. Cette commission est investie de la plénitude du pouvoir directorial, et spécialement chargée d'organiser l'ordre dans toutes les parties de l'administration, de rétablir la tranquillité intérieure, et de procurer une paix honorable et solide.

« Art. 4. Elle est autorisée à envoyer des délégués avec un pouvoir déterminé et dans les limites du sien.

« Art. 5. Le corps législatif s'ajourne au 1er ventose prochain; il se réunira de plein droit, à cette époque, à Paris, dans ses palais.

« Art. 6. Pendant l'ajournement du corps législatif, les membres ajournés conservent leur garantie constitutionnelle.

« Art. 7. Ils peuvent, sans perdre leur qualité de représentants du peuple, être employés comme ministres, agents diplomatiques, délégués de la commission consulaire exécutive, et dans toutes les autres fonctions civiles ; ils sont même invités, au nom du bien public, à les accepter.

« Art. 8. Avant sa séparation, et séance tenante, chaque conseil nommera dans son sein une commission composée de vingt-cinq membres.

« Art. 9. Les commissions nommées par les deux conseils statueront avec la proposition formelle et nécessaire de la commission consulaire exécutive, sur tous les objets urgents de police, de législation et de finances.

« Art. 10. La commission des Cinq-Cents exercera l'initiative ; la commission des Anciens l'approbation.

« Art. 11. Les deux commissions sont encore chargées de préparer dans le même ordre de travail et de concours, les changements à apporter aux dispositions organiques dont l'expérience fait sentir les vices et les inconvénients.

« Art. 12. Les changements ne peuvent avoir pour but que de consolider, garantir et consacrer inviolablement la souveraineté du peuple français, la république une et indivisible, le système représentatif, la division des pouvoirs, la liberté, l'égalité, la sûreté et la propriété.

« Art. 13. La commission consulaire exécutive pourra lui présenter ses vues à cet égard.

« Art. 14. Enfin les deux commissions sont chargées de préparer un code civil.

Art. 15. Elles siégeront à Paris, dans les palais du corps législatif; et elles pourront les convoquer extraordinairement pour la ratification de la paix, ou dans un grand danger public.

« Art. 16. La présente sera imprimée, envoyée par des courriers extraordinaires dans les départements, et solennellement publiée et affichée dans toutes les communes de la république : elle sera portée sur-le-champ au conseil des Anciens par un messager d'État. »

Cette résolution était la même qui eût été proposée sur le message des Anciens, et si nous eussions pu neutraliser l'opposition des Jacobins. L'article premier fut le seul article ajouté après les excès de la journée.

Cette exclusion de soixante-deux membres du corps législatif fut sans doute une mesure blâmable, et d'autant plus blâmable qu'elle était parfaitement inutile. Je n'en fus instruit qu'en l'entendant lire à la tribune. En faisant cette remarque, je n'entends pas condamner mes collègues; j'aurais probablement fait ce qu'ils ont fait, si les rapports de Paris m'avaient alarmé comme eux. Je veux dire seulement que cette proscription était indigne de nous. Ceux qui l'avaient proposée et ceux qui la votèrent ne tardèrent pas à regretter de l'avoir ajoutée en tête de la résolution convenue. On fut entraîné par la crainte de voir ces députés se réunir autre part et causer des troubles. On crut les désarmer en révoquant leur mandat par un décret d'exclusion ; on crut étouffer ainsi tout germe de guerre civile.

Après la lecture de ce projet, le député Cabanis, l'un des membres de la commission des neuf, prononça un discours trop remarquable pour qu'on puisse se contenter d'en donner l'extrait : on trouvera le texte entier dans les notes [*], ainsi que le rapport de Boulay de la Meurthe, Cabanis conclut en proposant au conseil d'adresser aux Français la proclamation suivante :

« Français, la république vient encore une fois d'échapper aux fureurs des factieux. Vos fidèles représentants ont brisé le poignard dans ces mains parricides ; mais après avoir détourné les coups dont vous étiez immédiatement menacés, ils ont senti qu'il fallait enfin prévenir pour toujours ces éternelles agitations ; et ne prenant conseil que de leur devoir

[*] Ces notes accompagneront le second volume des Mémoires de Lucien Bonaparte.

et de leur courage, ils osent dire qu'ils se sont montrés dignes de vous.

« Français, votre liberté, toute déchirée et toute sanglante encore des atteintes du gouvernement révolutionnaire venait de trouver un asile dans le sein d'une constitution qui lui promettait alors du moins quelque repos. Le besoin de ce repos était alors généralement senti ; il restait dans toutes les âmes une terreur profonde des crises dont vous sortiez à peine. Votre gloire militaire pouvait effacer les plus gigantesques souvenirs de l'antiquité. Dans l'étonnement et l'admiration, les peuples tressaillaient de votre gloire, et bénissaient secrètement le but de vos exploits : vos ennemis vous demandaient la paix. Tout, en un mot, semblait se réunir pour vous assurer enfin la jouissance tranquille de la liberté et du bonheur.

« Mais des hommes séditieux ont attaqué sans cesse avec audace les parties faibles de votre constitution : ils ont habilement saisi celles qui pouvaient prêter à des commotions nouvelles. Le régime constitutionnel n'a bientôt plus été qu'une suite de révolutions dans tous les sens, dont les différents partis se sont successivement emparés: ceux mêmes qui voulaient le plus sincèrement le maintien de cette constitution, ont été forcés de la violer à chaque instant pour l'empêcher de périr. De cet état d'instabilité du gouvernement, est résultée l'instabilité plus grande encore dans la législation; et les droits les plus sacrés de l'homme social ont été livrés à tous les caprices des factions et des événements.

« Il est temps de mettre un terme à ces orages : il est temps de donner des garanties solides à la liberté des citoyens, à la souveraineté du peuple, et à l'indépendance des pouvoirs constitutionnels, à la république enfin, dont le nom n'a servi que trop souvent à consacrer la violation de tous les principes; il est temps que la grande nation ait un gouvernement digne d'elle, un gouvernement ferme et sage, qui puisse vous donner une prompte et solide paix, et vous faire jouir d'un bonheur véritable.

« Français, telles sont les vues qui ont déterminé les énergiques déterminations du corps législatif.

« Afin d'arriver plus rapidement à la réorganisation définitive et complète de toutes les parties de l'établissement public, un gouvernement provisoire est institué : il est revêtu d'une force suffisante pour faire respecter les lois, pour protéger les citoyens paisibles, pour comprimer tous les conspirateurs et les malveillants.

« Le royalisme ne redressera pas la tête ; les traces hideuses du gouvernement révolutionnaire seront effacées ; la république et la liberté cesseront d'être de vains noms ; une ère nouvelle commence.

« Français, ralliez-vous autour de vos magistrats. Il ne se ralentira pas le zèle de ceux qui ont osé concevoir pour vous de si belles et de si grandes espérances. C'est maintenant de votre confiance, de votre union, de votre sagesse que dépend tout le succès.

« Soldats de la liberté, vous fermerez l'oreille à toute insinuation perfide; vous poursuivrez le cours de vos victoires ; vous achèverez la conquête de la paix, pour revenir bientôt au milieu de vos frères, jouir de tous les biens que vous leur aurez assurés, et recevoir de la reconnaissance publique, les honneurs et les récompenses réservés à vos glorieux travaux. »

Cette proclamation et la résolution consulaire furent unanimement adoptées après les discours de quelques orateurs.

A minuit, je dus suspendre la séance, en attendant la décision des Anciens.

A une heure, un message des Anciens nous annonce l'adoption de notre projet.

Sur la motion du général Frégeville, on arrête que les trois consuls seront appelés dans le sein des conseils, pour y prêter serment. — On procède, en les attendant, au scrutin des vingt-cinq députés qui doivent composer la commission législative.

A deux heures, le tambour battant aux

champs annonce l'arrivée des trois consuls. Ils se placent debout en face du bureau.

Je me lève, et après avoir donné lecture de la loi qui leur délègue provisoirement le pouvoir exécutif, je me découvre et leur adresse ces mots :

« Citoyens consuls, le plus grand peuple de la terre vous confie ses destinées; dans trois mois l'opinion vous attend!... Le bonheur de trente millions d'hommes, la tranquillité intérieure, les besoins des armées, la paix, tel est le mandat qui vous est donné. Il faut sans doute du courage et du dévoûment pour se charger d'aussi importantes fonctions; mais la confiance du peuple vous environne, et le corps législatif sait que vos âmes sont tout entières à la patrie.

« Citoyens consuls, nous venons, avant de nous ajourner, de prêter le serment que vous allez répéter devant nous, le serment sacré de fidélité inviolable à la souveraineté du peuple, à la république française, une et indivisible, à

la légalité, à la liberté et au système représentatif. »

Le silence le plus profond régnait dans la
salle : les consuls Sieyès, Bonaparte et Roger-
Ducos répètent, l'un après l'autre, la formule
que je viens de prononcer. Je leur en donne
acte par ces mots : « Citoyens consuls, nous
recevons votre serment. — Les consuls se re-
tirent au milieu des cris de *vive la république !*
et je clos ainsi la séance du 19 brumaire :

« Représentants du peuple,

« La liberté française est née dans le Jeu de
Paume de Versailles. Depuis l'immortelle séance du Jeu de Paume, elle s'est traînée jusqu'à
vous, en proie tour à tour à l'inconséquence,
à la faiblesse et aux maladies convulsives de
l'enfance.

« Elle vient aujourd'hui de prendre la robe
virile : elles sont finies dès aujourd'hui toutes
les convulsions de la liberté... A peine venez-

vous de l'asseoir sur la confiance et l'amour des Français, et déjà le sourire du calme et de la paix brille sur ses lèvres.

« Écoutez, citoyens, les bénédictions de ce peuple et de ces armées, si longtemps le jouet des factions : que ces bénédictions pénètrent jusqu'au fond de vos âmes. Entendez aussi ce cri de la postérité : la liberté française née dans le Jeu de Paume de Versailles, fut consolidée dans l'Orangerie de Saint-Cloud. Les constituants de 89 furent les pères de la révolution ! Les législateurs de l'an viii furent les pacificateurs de la patrie.

« Ce cri sublime retentit déjà dans l'Europe rassurée : il s'accroîtra chaque jour, et dans sa course, universelle, il remplira bientôt les cent bouches de la Renommée.

« Vous venez de créer une magistrature extraordinaire et momentanée dont le mandat est de ramener l'ordre et la victoire, seuls moyens d'arriver à la paix.

« Près de cette magistrature, vous avez placé deux commissions pour les seconder, et préparer la réforme que réclament tous les vœux.

« Dans trois mois, vos consuls et vos commissaires vous rendront compte de leurs travaux. Le bonheur de la France en sera l'unique but : ils sont investis de tous les pouvoirs nécessaires pour l'atteindre... Plus d'actes révolutionnaires. — Plus de titres, plus de listes de proscription. — Liberté, sûreté pour tous les citoyens ! garantie pour les gouvernements étrangers qui voudront faire la paix ! — Et quant à ceux qui voudraient continuer la guerre... s'ils ont été impuissants contre la France désorganisée, livrée à l'ineptie et au pillage, que sera-ce aujourd'hui ?..

« Qu'il est beau le mandat que vous avez donné aux consuls de la république ! Dans peu le peuple français et vous, jugerez s'ils auront su le remplir.

« Je déclare au nom du corps Législatif que le conseil des Cinq-Cents est ajournée au 1er ventose prochain, à Paris, dans son palais.

« A cette déclaration solennelle la présente

session se termine. — Puisse la prochaine s'ou-
vrir avant trois mois au milieu d'un peuple
heureux, tranquille et pacifié »

Les cris de vive la république répondent à
mon discours de clôture et les députés se sé-
parent.

Vers la fin de la nuit nous rentrâmes dans
Paris. Sieyès et moi, ainsi que le général Gardanne, nous étions dans le carrosse de Bonaparte ; Roger-Ducos nous avait précédés. Paris
était illuminé ; la nouvelle de la défaite des
Jacobins avait été reçue avec des transports de
joie par toutes les classes, non-seulement dans
la ville, mais dans les faubourgs. En nous sé-
parant, Bonaparte nous dit : « A demain ; nous
avons détruit... Il nous faut maintenant reconstruire, et reconstruire solidement. »

Le lendemain, les trois consuls s'établirent
au Luxembourg. Les directeurs Gohier et
Moulins l'avaient quitté la veille ; et Barras
était à sa terre de Grosbois.

Le général Bonaparte avait fait publier, le

19 au soir, cette proclamation adressée en son
nom aux Français :

« Français, à mon retour à Paris, j'ai trouvé
la division dans toutes les autorités, et l'accord
établi sur cette seule vérité, que la constitution
était à moitié détruite et ne pouvait sauver la
liberté.

« Tous les partis sont venus à moi, m'ont
confié leurs desseins, dévoilé leurs secrets, et
m'ont demandé mon appu; j'ai refusé d'être
l'homme d'un parti.

« Le conseil des Anciens m'a appelé ; j'ai
répondu à son appel. Un plan de restauration
générale avait été concerté par des hommes en
qui la nation est accoutumée à voir des défenseurs de la liberté, de l'égalité, de la propriété;
ce plan demandait un examen calme, libre,
exempt de toute influence et de toute crainte.
En conséquence, le conseil des Anciens a résolu la translation du corps législatif à Saint-
Cloud, où il m'a chargé de la disposition de la
force nécessaire à son indépendance. J'ai cru

devoir à mes concitoyens, aux soldats périssant dans nos armées, à la gloire nationale acquise au prix de leur sang, d'accepter le commandement.

« Les Conseils se rassemblent à Saint-Cloud; les troupes républicaines garantissent la sûreté au dehors. Mais des assassins établissent la terreur au dedans; plusieurs députés du conseil des Cinq-Cents, armés de stylets et d'armes à feu, font circuler tout autour d'eux des menaces de mort.

« Les plans qui devaient être développés sont resserrés, la majorité désorganisée, les orateurs les plus intrépides déconcertés, et l'inutilité de toute proposition sage devient évidente.

« Je porte mon indignation et ma douleur au conseil des Anciens; je lui demande d'assurer l'exécution de ses généreux desseins; je lui représente les maux de la patrie qui les lui ont fait concevoir : il s'unit à moi par de nouveaux témoignages de sa constante volonté.

« Je me présente au conseil des Cinq-Cents,

seul, sans armes, la tête découverte, tel que les Anciens m'avaient reçu et applaudi ; je venais rappeler à la majorité ses volontés et l'assurer de son pouvoir.

« Les stylets qui menaçaient les députés sont aussitôt tournés sur leur libérateur ; vingt assassins se précipitent sur moi et cherchent ma poitrine ; les grenadiers du corps législatif, que j'avais laissés à la porte de la salle, accourent et se mettent entre les assassins et moi. L'un de ces braves grenadiers (Thomé) est frappé d'un coup de stylet dont ses habits sont percés. Ils m'enlèvent.

« Au même moment, les cris de *hors la loi* se font entendre contre le défenseur de la loi. C'était ce cri farouche des assassins contre la force destinée à les réprimer.

« Ils se pressent autour du président ; la menace à la bouche, les armes à la main, ils lui ordonnent de prononcer le *hors la loi*. L'on m'avertit ; je donne l'ordre de l'arracher à leur fureur, et six grenadiers du corps législatif s'en emparent. Aussitôt après, des grenadiers du corps législatif entrent au pas de charge dans la salle et la font évacuer.

« Les factieux, intimidés, se dispersent et s'éloignent. La majorité, soustraite à leurs coups, rentre librement et paisiblement dans la salle de ses séances, entend les propositions qui devaient lui être faites pour le salut public, délibère et prépare la résolution salutaire qui doit devenir la loi nouvelle provisoire de la république.

« Français, vous reconnaissez sans doute à cette conduite le zèle d'un soldat de la liberté, d'un citoyen dévoué à la république. Les idées conservatrices, tutélaires, libérales, sont rentrées dans leurs droits, par la dispersion des factieux qui opprimaient les conseils, et qui, pour être devenus les plus odieux des hommes, n'ont pas cessé d'être les plus misérables.

« *Signé :* BONAPARTE. »

Cette pièce, qui fut rédigée à la hâte par un aide-de-camp, manque d'exactitude en plusieurs parties principales.

La réquisition de la force armée, faite par
moi comme président, mon discours aux
troupes sur la place de Saint-Cloud et mon in-
tervention au comité secret des Anciens, y
sont entièrement passés sous silence. Ces par-
ticularités capitales n'étaient pas cependant de
nature à être omises : les deux premières sont
indispensables à la justification du général, la
dernière décida le conseil des Anciens, que
n'avaient point décidé les révélations non
complétées du général. Comment s'étonner des
inexactitudes et des lacunes que présentent les
histoires écrites après les événements, lorsqu'on en trouve de pareilles dans un document
écrit, le 19, à Saint-Cloud?... — En compa-
rant le résumé publié au nom du général avec
mon récit et avec le *Moniteur*, le lecteur en
appréciera les différences essentielles.

Le premier acte consulaire fut la proclamation suivante, qui annonçait à la France et à
l'Europe l'heureuse fin de la révolution de
brumaire :

Les consuls de la République aux Français :

« Français,

« La constitution de l'an III périssait : elle n'avait su ni garantir vos droits, ni se garantir elle-même. Des atteintes multipliées lui ravissaient sans retour le respect du peuple ; des factions haineuses et cupides se partageaient la république. La France approchait enfin du dernier terme d'une désorganisation générale.

« Les patriotes se sont entendus. Tout ce qui pouvait vous nuire a été écarté ; tout ce qui pouvait vous servir, tout ce qui était resté pur dans la représentation nationale, s'est réuni sous les bannières de la liberté.

« Français, la république raffermie et replacée dans l'Europe au rang qu'elle n'aurait jamais dû perdre, verra se réaliser toutes les espérances des citoyens, et accomplira ses glorieuses destinées.

« Prêtez avec nous le serment que nous faisons d'être fidèles à la république une et indivisible, fondée sur l'égalité, la liberté et le système représentatif.

« Par les consuls de la république,

« ROGER-DUCOS, BONAPARTE, SIEYES. »

XI

Bur de la Révolution de brumaire.

Cette proclamation et le serment prêté par les consuls provisoires dans la nuit de Saint-Cloud, résument le but que les hommes de brumaire se proposaient : il n'était *alors* question dans l'esprit d'aucun de nous de l'*unité du pouvoir exécutif*.

Nous pensions que les trois consuls provisoires, égaux en droits, seraient élus consuls définitifs. Napoléon disait dans son intérieur : « Les consuls étant rééligibles, nous n'avons qu'à bien faire, et la France ne demandera pas mieux que de nous réélire toujours. »

Son ambition en brumaire n'allait pas plus loin.

Nous étions tous persuadés intimement que les Français étaient républicains jusqu'au fond de l'âme... Et aucun de nous n'avait d'arrière-pensée. Sur ce point, l'expérience de Sieyès, le coup-d'œil de Bonaparte ne voyaient pas au-delà.

Voilà ce qu'on doit se dire pour ne pas changer l'histoire en roman.

C'est d'après ce but, bientôt dépassé sans doute, mais alors l'unique but de tous, que la révolution de brumaire doit être appréciée. Si une réaction, peut-être trop vive, vers les idées de concentration du pouvoir, entraîna la France à dévier du but de brumaire, jusqu'au point d'abjurer la république... je le répète, la faute n'en est pas à nous, ou plutôt la faute n'en est à personne, puisque la votation universelle, libre et trois fois exprimée, a consacré ce changement de principes du peuple français, puisque le peuple cesserait d'être souverain s'il n'était pas le maître de passer, à son gré, de la république à la monarchie, et de la monarchie à la république.

Quant au choix à faire entre ces deux formes de gouvernement, je crois avoir, dans le premier volume de mes mémoires, suffisamment manifesté mes opinions. Je ne m'exagère pas l'importance de celles-ci, comme on doit bien le penser. La voix d'un proscrit n'est-elle pas à la lettre, si ce n'est dans l'esprit, la voix de celui qui crie dans le désert ?...

Cependant, comme la proscription d'un citoyen ne s'étend pas jusqu'à celle de sa pensée, et que j'écris dans un pays dont le génie de la liberté éclaircit le sombre horizon [*], j'éprouve, sous cette heureuse influence, quelque consolation aux nombreux chagrins qui assiégent mon âme, en me retraçant les souvenirs de ma vie orageuse. Un jour peut-être, dans cette oublieuse patrie que pourtant on ne peut oublier, quelques amants des sages libertés, s'associant de cœur à mes idées, diront de Lucien Bonaparte : « Il aimait la

[*] On n'a pas oublié que l'auteur habitait alors l'Angleterre.

« liberté autant que nous, et sa vie presque
« tout entière fut l'expiation de cet amour
« sacré. »

C'est dans cette espérance que je me suis
déterminé à écrire ces mémoires.

XII

J'ai désiré surtout écrire moi-même l'histoire
de la révolution de Brumaire, parce qu'il ne
m'en est tombé entre les mains aucune relation qui fût exacte et impartiale. Certains au-
teurs ont trouvé bon de passer sous silence
jusqu'au nom des acteurs qui ont le plus contribué au succès de ces mémorables journées...
D'autres, en rendant peut-être quelque justice
à la courageuse coopération du président du
conseil des Cinq-Cents, ont voulu méconnaître
et même dénaturer ses intentions.

J'espère les avoir exposées assez clairement

avec les faits, pour qu'on puisse justement conclure qu'à l'âge de 25 ans, lorsque j'eus l'honneur d'être appelé à la présidence du conseil des Cinq-Cents, j'étais convaincu que la forme du gouvernement, la meilleure et la plus parfaite, était réalisée dans le système de cette république consulaire auquel j'avais été initié et même en quelques points associé par l'illustre citoyen *, véritable Mentor de ma jeune vie publique. S'il est vrai que cette participation avait assez exalté les sensations de mon cœur et les facultés de mon esprit pour me faire contribuer avec quelque énergie à l'accomplissement d'une révolution dont le résultat fut de substituer à cette république anarchique, sanglante, irréligieuse, affaiblie et corrompue, la pure, sage et glorieuse république de brumaire, quel homme raisonnable pourrait me faire un reproche d'un si heureux changement?

N'est-ce pas au soleil de cette révolution que mon frère, le général Bonaparte, revêtu de la

* L'auteur veut désigner l'abbé Sieyes.

dignité de premier consul, brilla sans contredit de son plus bel éclat, soit comme général à la bataille de Marengo, soit comme suprème magistrat populaire, à la tête de l'administration générale, dont il sut d'un seul coup-d'œil embrasser et débrouiller toutes les parties?... Oui, je me sens l'orgueil, ou plutôt je goûte le bonheur de penser qu'alors j'avais bien MÉRITÉ DE LA PATRIE, et je ne crains pas qu'aucune voix contemporaine démente la mienne.

Sansdoute il est permis d'ètre étonné, et je le suis encore moi-mème, que cette république consulaire, ainsi établie, ait duré si peu de temps; car, s'il est naturel que tous les êtres vivants, individuellement ou collectivement, tendent de tous leurs efforts à se tirer d'une position pénible, douloureuse et même seulement gènante pour se placer dans une meilleure, on peut sans doute être surpris de ce que la constitution de la république consulaire, qui fut remarquable par les améliorations et le bien-être qu'elle répandit sur toute la surface de la France, ait été si facilement sacrifiée, à ce qu'on pourrait appeler la *personnification* du pouvoir monarchique que l'on avait si barbarement détruite dans l'infortuné Louis XVI, le mieux intentionné des souverains.

On ne peut nier non plus; je le dis avec peine, que l'exercice de ce pouvoir d'un seul n'ait bientôt dépassé toute limite, et que la faculté de tout faire à sa guise n'ait par la suite produit les plus grands excès : faculté dangereuse, ou plutôt arme fatale à ceux qui ont l'imprudence de s'en servir, et qui fut, en effet, la principale cause de la chute de l'empire.

Il y a près de trois siècles, on a bien vu les Danois, lassés du joug de leurs tyrans, les Christiern et autres abominables monarques que les faibles entraves imposées à leur despotisme par une constitution imparfaite semblaient avoir rendus plus cruels, on a bien vu ces Danois, à la suite d'une victoire remportée par le peuple opprimé sur la royauté opprimante, se constituer un beau jour en assemblée délibérante, pour décider quoi?... que le gouvernement despotique était le meilleur de

tous, pour l'adopter à l'unanimité, et, ce qu'il
y a de plus étonnant, pour assurer la tranquillité particulière et publique. Que conclure de
cette apparente aberration des facultés d'un
peuple et surtout de son heureux résultat?
C'est que des circonstances locales, des mœurs,
des idées particulières, peut-être une force d'o-
pinion morale plus puissante que la force
matérielle, rendaient moins possible ou plus
difficile d'abuser d'une souveraineté ainsi ab-
diquée sans frein et sans condition.

On doit supposer, d'après cette détermination des Danois, qu'un abus de confiance du
souverain vis-à-vis son peuple leur paraissait
la plus grande forfaiture de la couronne; et
pour que pareil événement ne se soit pas renouvelé depuis ce temps, il faut aussi que tous
les successeurs des Wasa aient été et soient
bien pénétrés de ce principe, « Que tromper
un peuple confiant en son roi est de la part de
ce roi le plus grand de tous les crimes. »

N'en déplaise pourtant à ce peuple éclairé et
encore patriarcal, comme la plupart des au-

tres nations scandinaves, quelle barrière pour-
rait-il opposer aux abus de pouvoir sans nombre, aux crimes de toute espèce qui viendraient
fondre sur la patrie, s'il s'élevait au milieu
d'eux un nouveau Christiern V; Christiern V,
dont le nom seul inspira assez d'horreur aux
Danois pour qu'il soit passé en loi de l'état que
son nom ne sera plus porté par aucun de leurs
rois? Que ferait-il?... Espérons qu'il n'aura pas
à subir une pareille épreuve, et faisons des
vœux pour que rien ne vienne détruire son illusion.

Le gouvernement du pape est aussi absolu
dans le fond et dans la forme, mais on doit
croire que sa haute et divine suprématie spi-
rituelle modifie, épure, perfectionne toutes les
institutions émanant du pouvoir temporel, lequel, en effet, dans tout ce qui est du ressort
de l'humanité et de la religion, offre un rare
modèle à imiter.

Les exemples que je viens de citer pourraient
peut-être paraître justifier la préférence qu'on
accorderait au gouvernement absolu sur l'a-

narchie ; mais il y a loin de là à prouver qu'il vaille une république constitutionnelle, telle que notre république consulaire.

Quoi qu'en disent certains journalistes, que l'on serait tenté de prendre pour les frères de lait de Robespierre et de Marat, tant ils regrettent le règne de la terreur ; quelque dédain qu'ils exhalent pour cette bienfaisante divinité de brumaire, en la traitant de métaphysique utopie, il n'est pas moins vrai que son règne fut paisible et prospère ; il n'est pas moins vrai qu'ainsi placée sur son piédestal, avec ou sans mon concours personnel et entourée de son auréole de gloire, elle eut assez de charmes à mes yeux pour m'avoir inspiré le courage ou, si l'on veut, l'abattement d'une âme trompée dans la candeur, je puis le dire, de sa sincérité républicaine, et pour m'avoir fait préférer tout éloignement des affaires publiques au chagrin de rester le témoin, et peut-être un des coopérateurs forcés du renversement de cet ordre de choses, qui me semblait alors au-dessus de tout autre, et qui certainement valait mieux que l'absolutisme qui lui succéda.

D'ailleurs, il ne faut pas se tromper ; la république consulaire, qui n'était que l'application très épurée des grands principes de la république une et indivisible, avait inspiré des sentiments unanimes de sympathie et de confiance ; et si mon frère put changer aussi facilement qu'il le fit sa glorieuse et invincible épée républicaine en sceptre souverain, c'est que l'on dut croire, et que l'on crut en effet, qu'il ne pourrait point, et que surtout il ne voudrait point s'écarter des idées vraiment libérales, manifestées par le premier consul.

. . . .

. . . . Non, la couronne décernée au général Bonaparte, et qui alors constitua une véritable légitimité, ne fut point le symbole hétérogène, le signe de l'esclavage auquel aurait voulu se soumettre un peuple régénéré aux cris de liberté de la révolution de 89 ; elle fut, au contraire, une révélation de la puissance de ce peuple, puisqu'elle émanait de sa volonté souveraine. . . . .

. . . . Aussi, est-il du devoir de tout historien français, en retraçant cette époque, de motiver aux yeux des jeunes générations cette adhésion de leurs pères au changement de la république consulaire en empire absolu, changement dont la gloire immense, mais désastreuse de nos armées, ne suffirait pas pour les justifier.

Ce n'est pas à moi de chercher ici à prouver ce que des considérations d'un ordre particulier me font envisager comme impossible : il faut laisser ce soin aux commentateurs aux yeux desquels mes réticences obligées paraîtront mériter quelque attention.

Je me bornerai seulement à reproduire, en les choisissant au milieu de beaucoup d'autres, quelques fragments de lettres qui me furent adressées par plusieurs des plus sages et des plus illustres représentants de l'opinion de cette époque, au sujet du fameux sénatus-consulte organique qui appelait Napoléon au trône impérial, et qui, sans m'exclure positivement des droits éventuels à l'hérédité, ne m'y appelait pas moi-même comme deux autres de mes frères.

« . . . Qu'avez-vous fait Lucien, ou plutôt qu'avons-nous laissé faire ? » m'écrivait, sous la date du 29 mai 1804, mon incomparable ami, le général Gouvion Saint-Cyr; incomparable par la réunion des vertus du philosophe pratique et celles du guerrier vaillant et généreux, et reproduisant de nos jours le type des plus beaux caractères antiques dont Plutarque nous offre le portrait dans ses *Hommes illustres* ; « oui, qu'avons-nous laissé faire ? m'écrivait-il. Tout ce qui pense avec moi et comme moi se demande comment votre grand frère usera de cette puissance absolue dont vient imprudemment de l'investir un peuple enivré de l'éclat de ses triomphes militaires.

« Ah ! pourquoi lui-même ne renouvela-t-il pas l'exemple de Washington, que nous l'entendîmes si souvent proclamer plus grand à ses yeux par ses refus de s'élever au-dessus de ses concitoyens, qu'il ne l'eût été en montant sur le trône ?

« Comment est-il possible que le général
Bonaparte, premier consul d'une puissante république, aimé et révéré au dedans, redoutable à nos ennemis du dehors, ait eu la fausse
et déplorable modestie de se croire moins
grand que les souverains qu'il a vaincus et
qu'il lui faudra encore vaincre pour le maintien
de son élévation personnelle, aux dépens de
cette France, qui a le désir et le besoin de la
paix. Il vaincra sans doute, nous vaincrons
avec lui. Mais où nous mènera cette gloire militaire ?... Il est bien aisé de le prévoir, à la perte
de nos libertés politiques et peut-être même
individuelles, achetées si chèrement !... Déjà
de funestes révélations de caractère nous ont
été faites ; vous les avez déplorées comme moi.

. . . .

. . . . Oh ! mon cher Lucien,
quand j'envisage cet état de choses, lorsque je
me vois obligé d'en être le témoin, ma seule
consolation, vous pouvez m'en croire, est de
vous voir en dehors de ce pêle-mêle de princes,
de ce flux et reflux de courtisans avides des fa-

veurs nouvelles d'un nouveau pouvoir absolu.

« Vous connaissez les flatteurs, Lucien,

« Hélas ! ils ont des rois égaré le plus sage. »

L'empereur Napoléon surpassera-t-il en sagesse le roi Salomon ? Pourra-t-il sortir victorieux des assauts journaliers que lui livrera la courtisanerie de ces valets improvisés qui remplissent déjà les antichambres de l'ancien palais des rois, d'où nous les avions expulsés ? L'expérience de tous les temps ne nous a-t-elle pas prouvé que les désirs d'un empereur sont des volontés, que ces volontés deviennent des lois de fait ?... C'en est donc fait ; nous n'avons plus, au lieu de chamarrer nos uniformes, qu'à porter le deuil de nos libertés...

« Mais, je le répète, ce ne sera pas moi qui témoignerai à Lucien le regret de ne pas le voir sur les degrés d'un trône qui, tout légitimé qu'il doit être à nos yeux par l'aveugle bon plaisir du peuple, est pour moi cependant la cause du plus amer chagrin, et me fera, je crois, mourir de ma douleur... Mais vous, Lucien,

qu'allez-vous devenir?... vous si pur, si dévoué
à la liberté ! . . . .
. . . . etc., etc. »

La modestie, vraie ou fausse, telle que l'on
voudra me la supposer, m'interdit de pousser
plus loin les citations de cette lettre d'un généreux et inconsolable républicain.

Cependant, et malgré le singulier reproche
que m'ont adressé des journalistes anti-bru-
mairiens de parler trop souvent de moi, comme
il me paraît assez naturel, et même quelque
peu nécessaire de parler de soi quand on écrit
ses *mémoires*, je vais reproduire ici quelques
parties de ma réponse à ce noble ami :

« . . . . Oui, lui disais-je, vous avez raison
de craindre les effets du poison de la flatterie;
nul ne peut y résister. Du reste, cher général,
ce que l'avènement du premier consul au trône
impérial vous a tout-à-fait dévoilé, je l'avais
douloureusement entrevu avant que je dusse
quitter la France. Mes frères et sœurs, moi-
même, n'avions-nous pas déjà des flatteurs?...

Oui, vous avez bien raison de me féliciter de n'être pas entré dans cette gabarre de princes et de princesses, remorquée par tous les renégats de notre république ; car qui sait si l'exemple de tant d'apostasies ne m'aurait pas moi-même démoralisé politiquement et même philosophiquement?...

« J'ai tout lieu de croire que ce fut cet entraînement général, et surtout l'exemple de tous ces hommes que l'on avait vus si ardents à défendre les principes opposés, qui purent amener notre grand citoyen Sieyès à accepter la terre de Crosne, et à braver ainsi le péril de laisser entacher sa réputation. Il est peut-être excusable d'avoir pensé que l'opinion d'hommes si faciles à renier leur orthodoxie politique ne méritait pas qu'on lui sacrifiât les douceurs et les agréments de la vie, qui, d'ailleurs, lui étaient offerts à titre de récompense nationale...

« Oui, l'apostasie est contagieuse : Napoléon lui-même subit cette influence.

« Ne convenez-vous pas, cher général, que

ce guerrier, naguère votre égal, aujourd'hui
votre empereur, vous l'avez connu zélé et sincère républicain ? — Non, me répondez-vous ;
il nous abusait par de fausses apparences. —
Eh bien ! moi, je vous affirme qu'il s'abusait
lui-même : le général Bonaparte a été longtemps aussi républicain que vous et moi. Il
servit la république conventionnelle avec l'ar-
deur que vous connaissez et que vous n'au-
riez peut-être pas osé déployer vous-même sur
un pareil terrain et contre pareille population.... Aussi le gouvernement directorial,
auquel le général portait tant d'ombrage, ne
le soupçonna-t-il jamais d'aspirer à cette couronne qu'il vient aujourd'hui de poser sur sa
tête. Mais ce qu'il redoutait avec raison dans
Bonaparte, c'était le général républicain am-
bitieux, actif, entreprenant, capable enfin de
tout renverser pour arriver à la magistrature
suprême, le seul but de ses efforts et à laquelle
il parvint en effet au 18 brumaire.

« Soyez-en convaincu, son avénement au
trône impérial était si peu prémédité qu'il

l'étonne encore lui-même ; et il prévoyait si peu un pareil succès en France..., au 19ᵉ siècle..., qu'il nous a bien des fois répété, à Joseph et à moi, que *l'Europe n'était pas un terrain pour lui, qu'il lui fallait l'Asie, et qu'il avait manqué sa fortune à Saint-Jean-d'Acre.*

« Voilà quelles étaient encore les idées de mon frère deux mois après le 18 brumaire.

« D'un autre côté, ses dispositions naturelles étaient loin de le porter à rechercher les basses adulations dont vous me dites qu'on l'entoure aujourd'hui. J'en pus juger par mes propres yeux. Ce ne fut qu'avec une sorte de dégoût qu'il put s'accoutumer à recevoir le grossier encens dont quelques personnages, tels que Talleyrand, Fouché et autres cherchèrent bientôt à l'enivrer. Je l'ai vu ne céder qu'avec le plus pénible effort à la nécessité de fouler du pied tous ces hommes avilis par tant de bassesses. Oui, je l'ai vu rougir à ce spectacle : car, malgré ce que vous me dites de son mépris pour les hommes, Napoléon n'a commencé à les mépriser que depuis son élévation au pouvoir.

« Le caractère indépendant des altiers montagnards de l'île française qui nous a vus naître, lui avait appris à respecter la dignité de l'homme; et ce ne fut que lorsque la magistrature consulaire fut remplacée par le consulat à vie, lorsque l'on pensa à former une espèce de cour aux Tuileries et que l'on entoura madame Bonaparte de Préfets et de dames du Palais, ce fut seulement alors que l'on put s'apercevoir de quelque changement dans l'esprit du maître, et qu'il se laissa aller à traiter tout ce monde-là comme il le méritait et comme d'ailleurs il le désirait.

« La création d'une cour ne pouvait qu'enfanter des courtisans; et Napoléon ne put alors marcher que sur le terrain qu'on lui avait fait. Ainsi, mon noble ami, et vous pouvez en juger mieux que personne, un ardent cheval de bataille hésite d'abord, recule plusieurs fois avant de marcher volontairement sur le corps des guerriers étendus dans les champs du

carnage ; mais quand l'accumulation des ca-
davres devient telle que le généreux coursier
ne trouve plus une place qui n'en soit obs-
truée, il faut bien qu'il se décide : tout en y
répugnant il avance, marche, foule, écrase
tout ce qui se trouve sur son passage. — Il ne
vous paraîtra pas extraordinaire, mon cher
général, que l'éloquente description que vous
me faites de la cour actuelle des Tuileries,
m'ait fourni cette comparaison..., etc... »

Oui, NAPOLÉON, tu fus coupable sans doute
d'avoir absorbé nos libertés publiques dans
les rayons de ta gloire militaire ; mais il faut
avoir la force et la justice de l'avouer, elles te
furent immolées d'avance par ceux-là même
qui devaient en être les gardiens et les défenseurs ; et, il faut le dire, jamais l'abjection
d'un corps politique ne fut plus patente que
celle de la majorité de ce sénat qui ne pouvait
entendre sans rougir et sans s'en faire une
honteuse application, ce vers de Racine, en
parlant du sénat romain :

« Sa prompte servitude a fatigué TIBÈRE. »

L'illustre sénateur Lanjuinais, quoique son opinion fût celle de plusieurs autres, fut le seul qui eut le courage de la parole pour défendre la liberté mourante, et il combattit le dernier dans les rangs d'une magnanime, mais trop faible minorité, qui comptait encore d'ardents et sages patriotes, tels que Dupont (de l'Eure) et Boulay (de la Meurthe). Mon cher et ancien collègue Lemercier, l'ex-président du conseil des Anciens, ainsi que plusieurs autres qui finirent par se rallier à la force des circonstances, m'écrivirent à Rome et me donnèrent la première nouvelle de l'adoption du sénatus-consulte organique *. Leurs lettres étaient empreintes d'une certaine douleur concentrée, difficile à épancher par écrit ; et je sentais que quelques-uns d'entre eux retenaient encore vis-à-vis de moi l'expression de leur chagrin, en pensant que je serais déjà assez péniblement atteint par l'exclusion dont

* Le sénatus-consulte organique, dont il est ici question, est celui du 18 mai 1804 ; c'est celui qui proclamait Napoléon empereur et réglait la constitution et l'hérédité de l'empire.

j'étais l'objet. Ils se trompaient bien, hélas!
ce n'était pas sur moi que je pleurais... et
c'est dans ce sens que je leur répondais.   . .

. . . .

Les lettres de ces braves gens m'arrivèrent
presque toutes sous la date des derniers jours
de mai et des premiers jours de juin 1804. Depuis ce moment, l'empire se consolidant de
plus en plus, leur correspondance devint plus
rare ; et ce fut moi, je dois le dire à l'honneur
du culte qu'ils rendirent à l'amitié dans son
exil, ce fut moi qui cessai le premier de leur
écrire.

Je me reprocherais, comme une véritable
ingratitude, de ne pas citer les marques du
constant intérêt que je reçus de plusieurs généraux, au nombre desquels je remarquai
Masséna, Lecourbe, Clarke, Frégeville et de
Lacour. Ce dernier avait été adjudant-général
de Moreau; il était l'ami intime de Jourdan de
Fleurus, et même proche parent de ma femme :
c'était plus qu'il n'en fallait pour éloigner de
lui la faveur impériale. Ce brave général de

Lacour fut blessé mortellement à Wagram et fut nommé général de division sur le champ de bataille. Il ne survécut que quelques instants à cette suprême et tardive justice. Après sa mort, il obtint du moins de l'empereur celle plus précieuse et plus durable de tenir sa place sur la Colonne des braves.

Le général Jourdan ne fut pas non plus un des moins empressés à m'adresser un compliment de condoléance, dans lequel je trouvai plus de bonhomie que de noblesse de la part d'un général, grand et sincère républicain comme lui. Je n'hésitai pas à lui répondre que j'étais aussi affligé qu'étonné de ne pas le voir me féliciter au lieu de me plaindre. Comme on ne peut nier que Jourdan ne fût aussi excellent homme qu'illustre général, ma lettre, un peu plus qu'aigre-douce, ne le fâcha pas, et je le persuadai assez qu'il m'avait offensé par la sienne, pour qu'il m'en fît des excuses très polies. Je lui trouvai cette fois une véritable dignité dans l'intention de réparer un tort involontaire.

Une foule d'autres généraux, dont plusieurs

même étaient aides-de-camp de mon frère, et
dont on pouvait dire avec l'auteur de la Hen-
riade :

> « Des courtisans français tel est le caractère ;
> « La paix n'amollit point leur valeur ordinaire :
> « Vils flatteurs à la cour, héros au champ de Mars.

crurent qu'il était pourtant de leur honneur de
me complimenter sur ce qu'ils appelaient un
malheur pour moi, malheur qui n'en était vé-
ritablement un à mes yeux, j'en atteste le ciel,
que par la douleur que je ressentais de me voir
payé d'ingratitude par un frère que j'avais
servi de cœur et d'action. Un grand nombre de
hauts employés civils, la plupart déserteurs
déhontés du camp républicain, suivirent cet
exemple. Tout ce monde-là parut s'être donné
le mot pour m'adresser des condoléances ou
félicitations en forme, je pourrais dire *de cir-
culaire,* tant la substance et même la rédaction
en paraissaient figurées sur le même modèle.

Ainsi, le général D***, avec lequel j'avais été
en quelques relations de société, me compli-

mentait sur l'heureux avènement de notre famille *au trône de Charlemagne et de Henri IV ;*
et, par un petit retour sur l'oubli dont j'avais
été l'objet, il ajoutait : « Prenez courage, citoyen sénateur ; avec le temps, tout s'arran-
gera. Il y a des paris ouverts au sujet de votre
rappel avant moins d'un an. Et, c'est tout simple, car l'*empereur Napoléon est le plus grand des
hommes.* »

Les généraux S*** et B*** me disaient l'un et
l'autre, dans le même style, qu'ils avaient pris
et qu'ils prendraient toujours une bien grande
part à ce qui arriverait d'heureux et même de
glorieux à notre famille ; qu'avec le temps les
choses iraient encore mieux ; qu'il ne me fallait
que du courage et de la prudence : car, je
savais comme eux, que l'*empereur était le plus
grand des hommes.* La variante du premier de
ces deux généraux, du général S***, consistait
en ces mots : « Car, *Napoléon, empereur, est des
humains le plus grand.* »

En vérité, le recueil de ces missives était
curieux en ce que par la répétition inévitable

de la phrase précitée, soit dans le cours, soit à la fin de la lettre, elles rappelaient assez bien les feuillets de l'Alcoran finissant ou commençant tous ainsi : « IL N'Y A QU'UN SEUL DIEU, ET MAHOMET EST SON PROPHÈTE. »

J'avais répondu à tous ces messieurs par un simple accusé de réception et des remercîments pour les sentiments qu'ils voulaient bien me témoigner au sujet des événements qui, je l'espérais avec eux, ajouteraient encore au bonheur et à la gloire de la France.

Quant à ce misérable D***, je ne pus m'empêcher de lui écrire que je voudrais bien qu'il m'expliquât la nature du mal que j'avais pu faire à mon frère, pour motiver l'acte de grandeur d'âme qu'il manifesterait par mon rappel, suivant lui sans doute un acte de *généreux pardon*. Alors j'étais jeune et d'un caractère plus irascible. Aujourd'hui je me reproche d'avoir répondu à cette sottise.

Le général Masséna, que j'ai déjà nommé et que j'avais moins bien connu que les autres, m'écrivait d'une tout autre manière. Il m'ex-

primait le vif regret de voir commencer sans
Lucien cette ère napoléonienne qui ne pouvait
être que la continuation de la gloire de la
France : et certes il ne se trompait pas. Du
reste, sa lettre, toute flatteuse qu'elle était
pour moi, sentait son homme réservé. Plus
tard sa confiance fut plus expansive, et j'aurai
à revenir, dans le cours de ces Mémoires, sur
des faits historiques peu connus, qui me dé-
voilèrent que l'héroïsme du citoyen égalait
celui du grand homme de guerre. Ces circonstances cimentèrent les liens d'amitié et d'estime
qui m'unirent par la suite au vainqueur de
Zurich et d'Essling ; et je me suis plu à lui en
en donner un témoignage dans cette strophe
de mon épopée de Charlemagne :

« Ainsi, vaillant guerrier, dans les jours de combats
Nous voyons cent rivaux s'effacer à ta vue ;
La vile calomnie un moment confondue,
Tremble devant le fer dont s'est armé ton bras.
Ces flatteurs sans éclat, vil rebut de la guerre,
          Rentrent dans la poussière,
D'où les avaient tirés les vices de la paix.
D'Arcole et de Zurich réveillant la mémoire,
La France te rappelle à de nouveaux succès,
Et te proclame encor l'enfant de la victoire. »

La reconnaissance me fait un devoir et même un besoin d'ajouter que la plupart des députés notables de notre parti brumairien m'écrivirent aussi pendant longtemps et dans les termes les plus propres à adoucir l'amertume qui se glissait malgré moi dans mon cœur, au sein de la plus heureuse vie privée et au milieu des marques de sympathie et de considération qui m'arrivaient de toutes parts.

Cette amertume, qui avait pris tous les signes extérieurs d'une pénible mélancolie, était surtout entretenue par la lecture des journaux, qui, du reste, depuis le consulat à vie, n'avaient plus aucune indépendance. Je voyais bien, par les lettres de mes amis, que le feu sacré de la liberté n'était point encore éteint dans ces nobles cœurs; mais hélas! à quoi cela pouvait-il servir?...

Je dois citer des premiers les députés Briot, Boulay (de la Meurthe), Chazal et Français (de Nantes), dont l'âme s'était si bien entendue avec la mienne dans la fameuse séance *des dangers de la patrie.* Français (de Nantes) surtout me donna, dès le premier moment, et ne cessa de me donner par la suite, les preuves de l'affection la plus dévouée. Pendant le temps de son ministère, tous mes amis, qui, à ce titre, avaient été repoussés des emplois, trouvèrent en lui, sur ma recommandation, un protecteur puissant qui se fit un devoir et un bonheur de réparer ces injustices, tout en se créant peut-être un danger pour lui-même. Français (de Nantes), tu n'es plus ! c'est à ton ombre et à ceux qui te furent chers que j'adresse ce tribut de ma reconnaissance.

Comment pourrais-je clore la liste de ceux de mes concitoyens qui n'ont jamais cessé d'occuper mes souvenirs, sans parler de mon honorable et ancien ami Sapey, qui, demeuré constamment investi de la confiance de ses commettants, a, dans le cours de sa longue carrière législative, su conserver, sous tous les gouvernements, l'indépendance de ses votes et la dignité de son caractère? Il m'est particulièrement bien doux de rappeler ici que, pendant tout le temps de mon exil aussi bien qu'aux jours de la prospérité, il s'appliqua toujours à me rendre tous les bons offices d'un sincère attachement. Grâces lui soient rendues, surtout d'avoir élevé la voix au sein de la représentation nationale pour obtenir la révocation de la loi qui nous bannit du territoire français, de cette loi qui impose le supplice de l'exil perpétuel à des citoyens dont le cœur brûle toujours de l'amour de la patrie, en punition de quel crime ?... Hélas ! celui de porter le nom de l'empereur ! . . . . . .

. . . .

. . . .

Non, je ne crains pas de le dire, car le droit de se plaindre est le seul qu'aucune puissance humaine ne puisse ravir aux victimes, cette loi de bannissement qui, au moment de la déchéance et pendant la vie de Napoléon, pouvait paraître la conséquence nécessaire d'une politique sévère, mais prudente, aujourd'hui que la terreur qu'inspirait le nom seul du conquérant ne peut plus servir de motif, aujourd'hui que le gouvernement de juillet a relevé la statue abattue de mon frère, cette loi serait aussi inconséquente que cruelle, en prolongeant l'exil de ses *ascendants* et *descendants*, en refusant les portes de la patrie à ceux de sa race, qui ne connaissent et qui n'ont jamais eu d'autre ambition que celle de servir leur pays avec honneur et fidélité, à quelque titre que ce puisse être.

Ces considérations, qui étaient appuyées par un grand nombre de citoyens et de députés intègres, furent cependant impuissantes. Espérons que le jour, le jour prochain, dit-on [*]. où les cendres de l'empereur, exhumées du rocher de Sainte-Hélène, arriveront sur les bords de la Seine, sera celui du rappel de sa famille.

En attendant, que ceux de mes généreux compatriotes qui ont désiré nous voir de retour au milieu d'eux, pour jouir des bienfaits du

---

[*] L'auteur écrivait ces lignes en 1856, époque à laquelle on parlait déjà beaucoup, surtout en Angleterre, du transport probable des restes mortels de l'empereur à Paris. Cet événement ne se réalisa, comme on sait, qu'en 1840, c'est-à-dire quelques mois après la mort de Lucien Bonaparte.

gouvernement constitutionnel, sous lequel ils ont le bonheur de vivre, en reçoivent ici les plus sincères actions de grâces.

La perspective et l'espoir d'un paisible avenir pour moi et pour mes enfants dans mon heureuse patrie, m'ont digressivement entraîné loin de ce que je veux encore ajouter à l'occasion des événements qui furent les tristes conséquences du 18 brumaire.

Profondément affligé de la métamorphose ou plutôt de l'évaporation de ma chère république consulaire, dont les Parisiens, qui rient de tout, quelquefois pour ne pas pleurer, disaient « *qu'elle était morte en couches d'un empereur*, » ou bien pour varier « *qu'elle était morte dans l'opération césarienne*, » je dois dire que sans les douceurs de la vie privée, à laquelle je m'étais voué sans retour, j'aurais infailliblement succombé aux regrets d'une pareille déception. Je fus même pendant quelque temps atteint d'une fièvre intermittente, qui donna aux miens d'assez vives inquiétudes. D'un autre côté, le séjour de Rome, où les fièvres sont endémiques, n'était pas très rassurant.

A cela près, Rome était pour moi le choix à faire par excellence. Le temps était encore éloigné où cette métropole du monde chrétien devait être déclarée la *seconde bonne ville* de l'empire, et je pouvais encore me flatter d'y trouver pour moi et pour ma famille une résidence douce et honorable.

J'avais embrassé tout à fait ce parti, en voyant arriver près de nous notre excellente et vénérable mère. Par suite, en effet, de certains déplaisirs, dont mon éloignement n'était pas le moindre, et dont j'aurai occasion de parler plus tard, elle était venue nous rejoindre quelques mois avant la promulgation du sénatus-consulte, ainsi qu'elle me l'avait promis dans nos derniers adieux. Elle commença à habiter chez moi à Bassano, en attendant que son frère, le cardinal Fesch, alors ambassadeur de France à Rome, eût achevé de lui faire préparer un appartement dans son palais.

Le prince Camille Borghèse, qui venait d'épouser ma sœur Pauline, désirait la recevoir

chez lui; mais notre mère préféra ma maison à
toute autre, et nous eûmes le bonheur de la
posséder environ six semaines, avec sa petite
cour, composée seulement alors d'une dame
de compagnie, Madame d'Andelar, ancienne
chanoinesse de Remiremont, qui lui servait
en même temps de lectrice. Monsieur l'avocat
Gueyeux faisait les fonctions de chevalier
d'honneur, et le célèbre docteur Baker était
attaché à sa personne en qualité de médecin.
Les soins habiles de celui-ci avaient su plus
d'une fois nous conserver notre mère, et moi-
même, alors, je fis mon profit de quelques
conseils hygiéniques qu'il voulut bien me
donner.

Je ne doute pas que cette heureuse arrivée
de ma mère, l'estime et la tendresse qu'elle
témoignait à ma femme et à mes enfants, en
même temps que la correspondance fort active
de Paris, et surtout les marques d'intérêt et de
confiance dont m'honorait le pape Pie VII
dans sa noble et généreuse hospitalité, je ne
doute pas que toutes ces consolations réunies

n'aient beaucoup contribué au rétablissement de ma santé.

Je ne puis assez répéter combien j'attachai de prix aux lettres de quelques-uns de mes amis, qui, dans ces circonstances, étaient beaucoup moins laconiques et moins réservées que celles de mes parents. Frégeville, Sapey, Laborde, de Lacour et le député Briot semblaient rivaliser entr'eux... Briot, cet aimable et ardent ami de la liberté, possédait encore ce qu'on pourrait appeler la philosophie du patriotisme. Il avait de l'érudition et en même temps une candeur, une gaîté et une sensibilité qui rendaient sa conversation pleine de charmes. Enfin, il m'aimait encore plus qu'il n'avait aimé et admiré Napoléon, jusqu'au moment qu'il appelait celui de son *apostasie*.

Bien jeune encore, Briot fut enlevé à la France et à sa famille, et de longues années se sont déjà écoulées depuis ce temps. Je ne puis mieux aujourd'hui exprimer mes regrets, ni mieux honorer sa mémoire qu'en citant, au milieu de nombreuses lettres qui me restent de ce modèle des amis, celle qu'il m'écrivait en juin 1804. Elle seule suffira, je crois, pour faire juger de la nature et du ton de toutes ces correspondances que, d'ailleurs, je me propose de publier en grande partie à l'appui des événements qui ont agité ma vie et m'ont condamné à vivre loin de ma chère et glorieuse patrie.

Lettre du député Briot au sénateur Lucien Bonaparte.

« Cher et ancien collègue,

« Le temps s'écoule; les jours se suivent et ne se ressemblent pas. Par où commencerai-je à vous donner les nouvelles qu'amènent ces temps et ces jours? nouvelles de toute nouveauté et qui passent l'attente des imaginations les plus actives à prévoir les événements de toute sorte, les changements les plus inattendus... Brumaire devait-il ainsi finir?

« Au milieu de tous les petits *brimborions* politiques du moment, je pourrais vous dire ce

que les journaux vous auront appris avant
moi, que le sénat, son président en tête, vient
de complimenter son empereur, ses princes et
ses princesses ; mais ce que les journaux n'auront pu vous dire, c'est que pour mon compte,
et je ne suis pas le seul, j'ai manqué tomber à
la renverse, quand du milieu des badauds politiques présents à cette abjuration, les uns
charmés, les autres enragés, le plus grand
nombre hébétés, j'ai entendu le consul Cam-
bacérès prononcer gravement ce mot SIRE, que
je n'avais jamais entendu adresser à personne :
SIRE, et puis vint à l'avenant de ce début tout
le discours que votre *auguste* frère écouta aussi
imperturbablement que si on ne lui eût jamais
parlé autrement.

« Il faut être juste, mon cher sénateur, tous
les républicains purs ne sont pas pervertis dans
le fond, puisque dans la forme même, c'est à
dire à ce mot de SIRE, vous eussiez vu ceux de
vos collègues qui ne tenaient pas les yeux
baissés, et il y en avait peu, échanger de bien
singuliers regards. Des larmes même ont brillé,

quoique contenues dans certaines paupières. C'était sans doute des larmes d'attendrissement ou même d'admiration ; car, n'est-il pas vrai que ce ne pouvait-être de regret ?... Il n'y avait pas de quoi !...

« Quant aux sénateurs, dont l'œil était resté sec, le plus grand nombre se regardaient *sous cape*, à la manière des anciens augures romains qui ne pleuraient pas positivement quand ils s'envisageaient en se rencontrant ; car ils riaient, dit-on, ne pouvant s'en empêcher, tant ils étaient persuadés de la gravité de leurs fonctions et de l'infaillibilité de leurs oracles. Il est vrai que ces messieurs étaient sans doute imbus des théories irréligieuses des Evéméristes, des Lucréciens et autres grands hommes, et qu'ils ressemblaient tant soit peu à nos philosophes modernes, dont je ne vous ferai pas l'éloge, puisqu'ils n'ont su rien rééditier à la place de tout ce qu'ils ont détruit, soit en religion, soit en politique : ce qui nous arrive à présent en offre bien la preuve.

« Au milieu de tout ce monde de nouvelle

création, sur ce même terrain de Saint-Cloud, théâtre de notre révolution, le plus étonné de tous, et, faut-il vous le dire, le plus embarrassé de sa position, était votre excellent frère JOSEPH, aujourd'hui le premier des princes français : *le premier*, à moins toutefois que l'empereur n'ait un enfant mâle ou qu'il ne veuille en adopter un.

« Le droit d'hériter directement, en cas de *fuit imperator*, est donc pour le moment dévolu à JOSEPH : mais pour ceux qui savent que l'adoption est un caprice assez fréquent chez les empereurs, son droit d'hérédité peut s'évaluer au même prix que le plat de lentilles pour lequel le chef iduméen céda son droit d'aînesse à son frère Jacob.

« Au reste, c'est le petit nombre de ceux qui veulent tout critiquer qui disent cela. Vous savez d'ailleurs, mon cher sénateur, que JOSEPH a trois ans plus que l'empereur, qui en a lui-même six plus que vous. Ajoutez que JOSEPH, comme personne n'en doute, est républicain de bonne foi. Que n'a-t-il l'énergie de votre caractère, ou du moins autant de fermeté qu'il possède de bonté de cœur, de finesse et de grâce dans l'esprit! Au surplus, la toute petite circonstance de l'adoption dans le système de l'hérédité a passé inaperçue, comme n'étant pas à prendre en considération, et l'on croit que JOSEPH même n'y a pas pris garde.

« Voilà déjà une lettre horriblement longue, et je ne vous ai presque rien dit. Je ne veux pourtant pas, à propos d'hérédité, vous laisser ignorer que, devant moi et aussi devant Julian, sur le compte duquel sa liaison avec Fouché fait courir des bruits très mal fondés, selon moi, je ne veux pas vous laisser ignorer que le grand diplomate, TALLEYRAND, a dit qu'il ne concevait pas l'esprit de démence (il a dit *démence*, c'est très sûr) qui avait présidé à la fondation d'une dynastie héréditaire, consacrant le système de l'adoption d'un côté, et de l'autre celui de l'exhérédation dans votre personne. Puis il a ajouté : « J'ai à me plaindre du « sénateur LUCIEN ; mais je n'en suis pas moins « pénétré de ce que je dis... » Son intention très claire est que vous sachiez qu'il pense ainsi. Et moi j'en conclus tout bonnement qu'il croit votre rapprochement avec votre frère très possible.

« Adieu, mon cher sénateur et bien-aimé ancien collègue. Mes respects à Madame Lucien Bonaparte ; permettez-moi de baiser ses belles mains.

« Briot. »

Je pourrais encore citer un grand nombre d'autres personnages qui voulurent bien m'écrire et me témoigner leur sympathie. Je pourrais nommer surtout le général Bernadotte, aujourd'hui Charles-Jean, roi de Suède, dont le souvenir me toucha particulièrement. Il avait été de tous mes amis celui que j'avais embrassé le dernier en quittant la France, et son affection semblait encore s'accroître du chagrin de mon exil et de toute l'amertume de nos déceptions politiques.

Je laisse aux nombreux documents et matériaux qui accompagnent et finissent ce volume le soin de suppléer à ce que je ne puis dire ici plus longuement.

Quant aux événements qui suivirent, et qui forment la période écoulée depuis le 18 brumaire jusqu'à la promulgation du sénatus-consulte organique, leur importance et la part active que j'ai été appelé à y prendre m'ont fait l'obligation de les traiter séparément et d'en faire UNE SECONDE PARTIE DE MES MÉMOIRES.

FIN.

Ainsi se compose la collection des feuilletons du journal *La Presse*, qui contiennent l'histoire de la révolution du 18 brumaire, extraite des mémoires inédits de Lucien Bonaparte.

Ce journal ajoutait à la suite de son dernier feuilleton :

« Ici s'arrètent les communications qu'ont bien voulu
« nous faire pour le moment les dépositaires des *OEuvres*
« *Posthumes et de tout le portefeuille* de Lucien Bona-
« parte. Espérons que les nombreux et importants
« travaux d'histoire, de science, de politique et de poésie
« laissés par le prince ne resteront pas enfouis plus long-
« temps, et qu'ils ne seront pas perdus pour la France
« contemporaine..... »

En attendant que l'espérance dont parle le journal *La Presse* puisse se réaliser, nous croyons faire plaisir aux amis de la mémoire de Lucien Bonaparte en reproduisant une notice nécrologique qui renferme quelques détails authentiques sur les derniers moments de ce grand citoyen.

NOTICE NÉCROLOGIQUE

sur

LUCIEN BONAPARTE.

Lucien Bonaparte , prince de Canino, que la
mort enleva, en 1840, à sa famille désolée, à ses
amis, aux nombreux admirateurs de ce caractère à la fois si énergique et si sensible, fut un
de ces hommes rares dont la vie politique appartient à l'histoire. Celle-ci, en effet, l'avait de son
vivant placé au rang suprême que la postérité
ne manquera pas de lui confirmer.

Mais sans parler de cette vie politique dont
quelques journaux ont produit de froids ex-
traits d'après les froides biographies modernes, combien il est plus doux pour les amis

de cet illustre citoyen de rendre hommage à cette réunion, peut-être unique dans l'organisation humaine, de toutes les qualités dont Lucien Bonaparte, pendant son long et injuste exil, a constamment offert le parfait modèle à tous ceux qui l'ont connu.

Il se montra, dès sa plus brillante jeunesse, protecteur éclairé des arts et de tous les talents : nous ne craignons pas d'invoquer à cet égard le témoignage de tous les artistes qui lui ont survécu. Dans son âge mûr, supérieur à tous les revers, il conserva toujours l'attitude sereine du savant et du sage. La poésie, l'astronomie, l'histoire, les profondes et utiles polémiques, l'agriculture, l'archéologie, en un mot, les études les plus sérieuses, fatigue immense pour tant d'autres, furent le délassement de sa retraite des affaires.

L'opinion lui rendit bien justice. En quelque lieu qu'on prononçât son nom, les ennemis du parti même auquel il pouvait être censé appar-

tenir, n'en parlaient qu'avec estime. Des ennemis personnels, il n'en pouvait avoir ; le char-
me de ses manières, la solidité de sa raison,
la force de son caractère, son affabilité avec
ses égaux, sa calme dignité envers ses supé-
rieurs, s'il était permis d'en reconnaître à un
pareil homme, en formaient un être d'honorable exception sociale, et nous ne craignons pas
d'ajouter que peu d'hommes ont été aussi ten-
drement, aussi noblement, aussi constamment
aimés et estimés que lui. Il savait, en un mot,
conquérir et garder les cœurs comme son frère,
à l'apogée de sa fortune, emportait les capitales
de ses ennemis.

Lucien Bonaparte conserva sans doute en
France des amis, admirateurs sincères, à l'é-
preuve des vacillations de son étoile politique ;
mais, disons-le franchement, sa réputation
ne fut pas seulement française, elle fut européenne.

Le dernier voyage qu'il fit, en 1859, dans le

nord de l'Allemagne et la Hollande, en offre la récente preuve. Il fut pour lui un véritable triomphe, décerné par l'opinion morale à ce caractère unique, nous le répétons, surtout dans les annales de la vie privée. Aussi le murmure d'acclamations flatteuses, plus ou moins comprimé qui accueillait partout sa présence, et qu'il était loin de provoquer ou de rechercher, toutes les marques personnelles de vénération profonde, indépendante et même exclusive de son titre de frère du grand Napoléon, furent sans doute l'une des plus douces compensations de tous les sacrifices qu'il avait faits à cette vie privée, où il lui plut de rester, autant par goût que par prévision de l'avenir. Ce seul trait de sa vie, cette résistance courageuse et inébranlable à des offres si séduisantes pour la plupart des hommes, a paru surnaturelle a bien des gens, au point que, dans le nord de l'Europe, il existe, au sujet de ce dédain de Lucien pour les couronnes qui lui ont été offertes, des espèces de légendes merveil-

leuses ' pour motiver ses incroyables refus de
ceindre le diadême.

Oui, l'opinion admiratrice des contemporains de Lucien Bonaparte fut telle qu'on pourrait dire qu'ils formèrent autour de sa belle et
noble tête une auréole de gloire plus brillante
et surtout plus solide que les couronnes et les
sceptres qu'il avait dédaignés, au prix de ses
affections les plus chères et les plus légitimes.

N'oublions pas, cependant, au milieu de nos
regrets d'une perte si irréparable, qu'un véritable panégyrique de Lucien Bonaparte, dont
nous savons d'ailleurs que s'occupent plusieurs célèbres appréciateurs d'un tel mérite,
ne peut être resserré dans les bornes que nous

Nous nous bornerons à citer celle de ces légendes qui avait ac-
crédité la croyance d'un prétendu voyage de Lucien Bonaparte à
Berlin. Le prince, dans une des églises principales de cette capitale, aurait joui de l'apparition et de l'entretien d'un être mysté-
rieux et inspiré, qui, en lui révélant toute la vanité des couronnes
terrestres, l'aurait épris d'un saint amour pour la vertu et lui aurait donné la force d'âme nécessaire pour résister à toutes les sé-
ductions de la grandeur.

nous sommes prescrites. Nous n'avons écrit
ces lignes que pour répondre aux sollicita-
tions pressantes et réitérées qui nous sont
adressées pour obtenir des détails sur les
derniers moments de cet homme vraiment
grand ; mais nous n'aurions pas eu la force
de les donner, sans les faire précéder de ce
faible tribut de notre admiration et de notre
douleur.

La mort de Lucien Bonaparte , arrivée le 29
juin de l'année 1840, fut digne de sa vie. Il avait
soixante-cinq ans et trente jours. Le prince,
déjà fort indisposé, était parti de son château
de Musignano pour passer l'été à Sienne avec
la princesse sa femme , la plus jeune de leurs
filles, Dona Blanche-Constance , et le révérend
père Maurice de Brescia, leur aumônier. La fatigue du voyage paraissant avoir sensiblement
développé les progrès de son mal, le prince
fut obligé de s'arrêter à Viterbe, où d'ailleurs
réside le docteur Giovanni Selli, qui jouissait
de sa confiance. Ce médecin se montra tout de

suite fort alarmé de l'état du malade, au point
que dès le premier jour il désira s'adjoindre un
second médecin consultant. Ce fut M. Bérard,
médecin français établi à Rome, qui se rendit
en toute hâte à Viterbe. Il confirma l'opinion
du premier médecin, et Madame la princesse
de Canino fit aussitôt écrire à tous ses enfants
pour leur annoncer le péril imminent qui menaçait des jours si précieux.

La princesse Gabrielli, leur fille aînée, ac-
courut précipitamment de Rome. Hélas! elle
arriva lorsque son illustre père, déjà pourvu
des sacrements de l'église, n'avait plus que
trois jours de douloureuse existence. Mais
qu'ils furent sublimes et touchants ces trois
jours, qu'on pourrait appeler la véritable ago-
nie du philosophe chrétien! Le prince a conservé, jusqu'au dernier moment, toutes les
facultés de haute intelligence et toute la sensibilité du cœur le plus tendre. Plein de résigna-
tion à la volonté de Dieu, qui permettait qu'il
mourût dans l'*exil*, après tant d'années d'*exil!*..,

il s'écria plusieurs fois : « Dieu ! mon Dieu, me
« voici. Je te rends grâce ! tu veux, dans ta
« bonté, que mon dernier soupir s'exhale dans
« les bras de ma femme et de mes filles ché-
« ries ! Ah ! qu'il est doux de mourir ainsi ! »

Le prince de Musignano, son fils aîné, arriva aussi de Rome sur ces touchantes entre-
faites ; il se précipita en larmes au pied du lit
de son père, qui lui donna sa bénédiction dans
les termes les plus religieux et les plus solennels. Alors, la princesse de Canino, tombant
elle-même à genoux auprès du lit, et baignant
de ses pleurs la main de son époux, demanda
pour elle, et *nominativement* pour tous ses enfants, que la distance des lieux ou l'état de
leur santé ne permettait pas d'assister à cette
scène suprême, la bénédiction paternelle ; il la
leur donna en les appelant tous par leur nom,
avec des inflexions de voix si expressives, bien
que faibles, qu'on sentait combien il les avait
tous présents à la pensée.

Il proféra aussi des paroles et des adieux

fort tendres pour son frère chéri, l'ex-roi Joseph, pour lequel il avait eu toute sa vie des sentiments d'amitié fraternelle, presque filiale. Il chargea sa femme de lui transmettre ses derniers adieux, en lui recommandant tous ses enfants en général, et quelques-uns en particulier.

La princesse ayant dit au mourant que leur second fils, don Louis, devait sans doute arriver d'un moment à l'autre de Florence, il témoigna le plus vif désir de le revoir avant de mourir, proféra encore pour lui une nouvelle bénédiction en murmurant des paroles d'éloge. Hélas ! l'infortuné jeune prince, qui était parti de Florence accompagné du professeur Targioni, retardé par une foule d'incidents plus ou moins fâcheux, ne put arriver qu'après la mort de ce père adoré *.

* Ce fils puîné de Lucien est le même qui, à la réunion des savants qui eut lieu à Pise en 1859, sous la protection du grand duc de Toscane, proposa cette nouvelle nomenclature chimique dont la savante et ingénieuse concision lui mérita le suffrage des illustres

La maladie du prince de Canino fut d'abord
caractérisée de fièvre rhumatismale intermittente. La jaunisse et de grands vomissements
de bile ayant succédé à cette fièvre, elle fut
traitée de colique hépatique; enfin, les derniers avis des médecins appelés en consulta-
tion, furent que le prince succombait atteint
d'une hypertrophie au pilore. Cette hypo-
thèse est loin d'être prouvée aux personnes
qui, par devoir, par sentiment et par position, ont suivi cette maladie; car d'autres
nombreux exemples ont assez fait connaître
que les engagements ou obstructions au pilore

professeurs. Il publia depuis cette époque plusieurs autres travaux
et découvertes dignes d'un grand intérêt. Le célèbre Berzélius,
dans un de ses annuaires, en a rendu compte, et ils ont valu au
jeune chimiste les éloges et les sympathies de plusieurs savants,
tels que MM. Arago, baron Thénard, Orfila, Pelouze, et autres
membres de l'Institut. Quelques-uns même entretiennent avec lui
une correspondance scientifique.

Ces heureuses dispositions avaient causé une vive satisfaction à
Lucien Bonaparte, qui voyait dans le succès des études de son jeune
fils Louis, l'espoir de le voir un jour dans les sciences l'émule de
son frère aîné, le prince de Musignano, devenu prince de Canino
depuis la mort de son père, et aujourd'hui l'un des premiers
naturalistes de l'Europe.

ne présentent pas tout-à-coup ce caractère aigu, et que cette cruelle affection fait mourir lentement ses victimes pendant plusieurs années. La maladie du prince de Canino n'a pas duré plus d'un mois.

Il n'est point vrai, comme l'ont dit certains journaux, que les dépouilles mortelles du prince de Canino aient été transportées à Corneto pour être envoyées à Ajaccio.

Le corps du prince, enfermé dans trois cercueils, dont un de plomb, fut transporté de Viterbe à Canino avec les honneurs de son rang. Le char funèbre fut accompagné par la voiture qui portait le curé de Viterbe, où le prince est décédé, et par le révérend père Maurice de Brescia, l'ami à toute épreuve depuis trente-cinq ans, et le compagnon d'études du prince. Le corps fut placé dans une salle basse du château de Canino, disposée à cet effet, où l'archiprêtre, les prêtres et les chanoines de la collégiale vinrent le chercher

17

processionnellement pour le déposer dans cette même collégiale, où déjà repose un fils de Lucien.

Cette cérémonie se passa au milieu des sanglots et des gémissements de toute la population.

Outre le premier service d'inhumation, tout le clergé réuni de Canino a voulu, le septième jour après, faire un service public et solennel à ses frais, en signe de sa profonde vénération et de son attachement pour le défunt, et surtout en reconnaissance de ce qu'il avait choisi son église pour lieu de sa sépulture.

Les inscriptions qui, dans cette solennité funèbre figurèrent soit sur la porte principale de la collégiale, soit sur les portes latérales, soit dans l'intérieur aux quatre côtés du catafalque, perpétueront la gloire de celui qui en fut l'objet et la reconnaissance de ceux qui les lui consacrèrent.

Ces inscriptions sont trop remarquables pour nous contenter d'en donner un extrait, et pour ne pas en citer textuellement les termes qui seront intelligibles dans toutes les langues.

QUANDO CANINO

con solenne pompa

funebri onori rendeva

A LUCIANO BONAPARTE

suo principe benemeritissimo

mancato ai viventi il di' $\overline{\text{XXIX.}}$ giugno di quest'anno

costantino de andreis caraceni

a dare pubblica testimonianza

dell' alta sua ammirazione

per l'ingegno per le virtu' di tant' uomo

queste epigrafi

pubblicava

il di' $\overline{\text{III.}}$ agosto $\overline{\text{MDCCCXXXX.}}$

1. *Sulla porta maggiore della Chiesa,*

A

LUCIANO BONAPARTE

ad ogni encomio superiore

CANINO

dalle sue escavazioni

da' suoi studii illustrata

superba di posseder le sue ceneri

a solenne testimonio di gratitudine

lagrime e funerali

offeriva.

—

2. *In una delle porte laterali.*

verra' il viaggiatore a questo tempio

a visitare il sepolcro

di

LUCIANO

e da cio' apprenderanno i mortali

come per altezza d'ingegno

l'uomo si eterni

—

3. *Nell' altra Porta.*

O amanti della virtu' e del sapere
correte al tempio
et all' anima
del sapiente del benefico del forte
riposo eterno
pregate

Ai quattro lati del Catafalco.

1.

Nelle politiche cose a niuno secondo
in tempi difficilissimi
della patria
del fratello
consigliere sostegno

2.

spregiatore delle grandezze
fu
nel sommo della gloria modesto
nella sorte avversa fortissimo

3.

In ogni genere di scienze et di lettere
profondissimo
con dotte ed erudite indagini
l'anteriorita' delle arti
all' italia rivendicava

—

4.

per amabilita' di maniere
a tutti carissimo
del vero filantropo specchio modello
i buoni i miseri
l' amarono
lo piangono con desiderio

Queste quattro epigrafi non furono collocate nel catafalco, avendo il Priore locale preferito per l' interno della Chiesa quelle latine, e volute le tre prime italiane all' esterno sulle tre porte del tempio.

IMPRIMATUR

F. M. Card. Oppizoni Arc. Bol.

Les précieux restes de Lucien Bonaparte demeureront déposés dans la collégiale de Canino ; mais on sait que la veuve désolée, voulant honorer, autant qu'il est en son pouvoir, la mémoire d'un époux si justement chéri et regretté, a adressé aux plus célèbres artistes d'Europe l'invitation de concourir à l'érection d'un monument digne de Lucien Bonaparte.

Ce tombeau sera placé dans la chapelle monumentale du château de Musignano, séjour d'hiver des princes de Canino, où déjà, parmi plusieurs autres monuments funéraires, se distingue celui de Charles Bonaparte, père de Lucien, de l'empereur Napoléon et de tant d'autres têtes couronnées.

Voici la description de ce tombeau tel qu'il vient d'être exécuté, et tel qu'il sera prochainement inauguré.

MONUMENT

A LA MÉMOIRE DE LUCIEN BONAPARTE.

Ce monument, dont l'exécution a été confiée au célèbre sculpteur Pampaloni de Florence, est aujourd'hui entièrement terminé; il est digne du grand artiste et du nom du prince à qui le respect et la tendresse de sa veuve l'ont élevé.

Il est en marbre blanc de la plus belle qualité statuaire du *Monte altissimo de Serravezza*. C'est un bas-relief dont M. Pampaloni a dû subordonner les proportions à l'emplacement qu'occupe dès à présent à la collégiale de Canino, dans la chapelle funéraire des personnes de la famille Bonaparte-Lucien, l'urne, dépôt réel des dépouilles mortelles de l'illustre défunt.

Le monument a environ neuf bras florentins de hauteur, sur cinq de large. Les figures, au nombre de huit, se détachent en haut relief (alto rilievo), et se groupent avec une harmonieuse clarté dans leurs attitudes respectives.

De grands éloges, surtout, sont dus à M. Pampaloni, pour avoir su conserver à sa figure principale, en même temps que l'empreinte de la maladie et celle des approches de la mort, cette physionomie noble, sévère et pourtant sereine de Lucien Bonaparte ; en un mot, sa ressemblance.

La figure de l'épouse du grand homme mourant, recueillant à genoux, près de son lit, la bénédiction pour elle et ses enfants absents, est de l'effet le plus pathétique et le plus moral.

Ses traits imposants conservent encore le caractère expressif de la bonté, dont le ciseau des Canova, des Marin, des Dupaty, ont, dans le temps, reproduit l'image. Aujourd'hui, sous des formes noblement altérées par l'âge et les malheurs de l'exil, douloureusement, mais religieusement résignée à la terrestre séparation, dans l'espoir d'une immortelle réunion, c'est toujours la digne compagne de l'époux que la mort va lui enlever.

L'Ambition et l'Opinion, ces deux figures qui font tant d'honneur à la composition et à l'exécution de M. Pampaloni, n'avaient point encore été traitées allégoriquement en sculpture, ni même en peinture. Il fallait un artiste créateur pour des types de nouvelle création, et ce fut, sans doute, une des plus grandes difficultés à vaincre, et l'une des plus grandes victoires à remporter, qui durent se présenter à l'imagination du célèbre sculpteur florentin.

La figure de l'Opinion, cette divinité sociale,

impartiale dans ses jugements, que l'esprit de parti cherche vainement à égarer ou à corrompre, est celle d'une femme modestement et simplement drapée. Elle est debout, tenant la main sur le globe posé sur une base, laquelle porte gravées les balances de la justice, tandis que de l'autre main, cette même Opinion couronne l'illustre mourant à demi soulevé sur sa couche de douleurs.

Au pied de cette couche, en face de l'Opinion, l'Ambition assise sur un roc chancelant, sous les traits d'une femme altière, dédaigneuse et couronnée, tient dans ses mains un sceptre et une autre couronne, figurant l'une de celles qui furent offertes à Lucien Bonaparte. L'Ambition se montre irritée de l'hommage rendu par l'Opinion à celui que ces offres ne purent séduire.

Le milieu de la couche de mort, de l'autre côté correspondant à celui de la figure agenouillée, est occupé par les trois figures de la

Force, de la Religion et de la Paix, avec leurs attributs accoutumés.

La Force caractérise cette inébranlable fermeté d'âme dont **Lucien Bonaparte** donna tant de preuves dans le cours de sa vie politique et privée.

La figure de la Religion fait allusion à cette époque où **Lucien Bonaparte** fut à la chambre législative du Tribunat le rapporteur et le défenseur victorieux de cette loi du concordat qui rencontrait alors beaucoup d'opposition. Plus tard, son éloquence s'y déploya encore avec la même énergie et le même succès, à l'occasion de la loi sur l'établissement de la Légion-d'Honneur.

L'allégorie de la Paix rappelle les diverses époques de la vie de Lucien Bonaparte où d'abord, à peine dans l'âge exigé pour être membre d'une assemblée législative, c'est-à-dire immédiatement après son immortelle prési-

dence de la journée du 18 brumaire, il devint
ministre de l'intérieur, se montra le protecteur
éclairé des arts, de l'industrie, de l'agriculture
et du commerce ; où ensuite il fut nommé ambassadeur de la république française en Espagne, négocia avec toute l'habileté d'un vieux
diplomate consommé, et conclut le difficile
traité de Portugal, autant à l'honneur de la
France que dans ses intérêts commerciaux,
contre le système anglais, qui était alors si
prépondérant dans toute la péninsule.

Les attributs de l'Astronomie, de la Poésie,
de l'Archéologie et de l'Agriculture, sciences
et libérales occupations auxquelles se livra
constamment Lucien Bonaparte pendant son
long exil, ne pouvaient manquer de se grouper naturellement sous le ciseau de l'artiste
appréciateur de la réunion de tant de sortes de
mérites.

La figure du prince des apôtres, saint Pierre,
occupe au sein d'un nuage la partie supérieure

du bas-relief : présage de la célèbre apothéose
que peut justement espérer le mortel vertueux,
cette figure éminemment catholique est d'une
grandiose et mystique simplicité.

« Il est facile de reconnaître, dans cette inter-
vention du personnage de saint Pierre, un tribut de la reconnaissance pour l'hospitalité
accordée par le saint-siége à Lucien Bonaparte
dans le temps où tout autre port d'asile lui
était fermé.

La confirmation de cette idée se trouve dans
le modèle suivant d'épitaphe, dont la transpo-
sition en langue latine est l'objet d'un honorable concours établi entre plusieurs latinistes
distingués, M. le comte Amici de Sinigalia, qui
excelle dans le style lapidaire, M. l'abbé *****
de Rome, M. le chevalier Feretti de Florence
et quelques autres érudits :

Ci gît,

LUCIEN BONAPARTE, *fils de* CHARLES BONAPARTE

Et de LOETITIA RAMOLINI,

Né en corse, à Ajaccio, l'an 1775;

Religieux, savant, charitable.

« Comme citoyen français, son patriotisme
« éclairé, son éloquence politique, ses travaux
« législatifs et diplomatiques sont déjà consi-
« gnés dans l'histoire;

« Frappé d'un ostracisme non mérité, Rome
« l'accueillit honorablement;

« Il préféra l'obscurité de la vie privée et la
« couronne décernée à son mérite par l'opi-
« nion des savants et des justes, aux autres
« couronnes éphémères qui lui furent offertes;

« Dans l'année 1814 le souverain pontife
« Pie VII, de glorieuse et sainte mémoire, le
« créa prince de Canino, en signe des senti-
« ments d'estime dont il l'honorait.

« Il vécut 65 ans.

« Mort à Viterbe, le 29 juin 1840, jour de
« la fête de Saint-Pierre, sous le manteau du-
« quel il a trouvé asile et protection dans ses
« malheurs, et dont il a chanté l'église déli-
« vrée dans une majestueuse épopée.

« Sa mort sublime et chrétienne fut digne
« de sa vie, comme sa belle vie dut lui mé-
« riter la grâce d'une telle mort.

« ALEXANDRINE DE BLESCHAMPS, son épouse,
« a élevé ce tombeau à Lui et à Elle.

FIN DE LA NOTICE NÉCROLOGIQUE.

En 1810, au moment où Lucien Bonaparte quittait l'Italie avec toute sa famille, et allait demander à l'Amérique le repos et la liberté, le bâtiment marchand américain qui le portait, quoique sous pavillon neutre, fut capturé par les Anglais. Contre tous les droits des gens, et en vertu de ce principe : *Le pavillon ne couvre pas la marchandise*, le prince fut emmené et retenu prisonnier en Angleterre pendant quatre années. Les Anglais semblèrent alors préluder à Sainte-Hélène. Un rayon de deux milles lui fut assigné pour prison, à lui et à sa famille, et un commissaire anglais surveillait ses actions, ses paroles, et ouvrait toutes ses lettres.

C'est pendant la première de ces quatre années de captivité que Lucien Bonaparte composa l'ode suivante, intitulée L'Amérique. On y retrouve toute l'inspiration du poète et toute l'énergie du grand citoyen. Au milieu des nombreux matériaux poétiques laissés par le prince, nous n'avons pas cru pouvoir mieux choisir, pour faire connaitre à la fois les hautes facultés de son esprit et les nobles sentiments de son cœur.

L'AMÉRIQUE

« Salut, terre nouvelle, où l'empire des lois

« Est l'unique pouvoir que l'homme reconnaisse !

« Terre heureuse, où, bravant et les grands et les rois,

« Croissent la liberté, la paix et la sagesse,

    « Salut ! sur tes riants coteaux

    « L'exil me promet le repos.

« Hélas ! on ne voit plus dans l'Europe en délire

« Que des peuples luttant pour des maîtres pervers ;

« Loin de ces insensés, au sein des vastes mers,

« Vents du sud, hâtez-vous de pousser mon navire. »

C'est ainsi qu'exilé des rivages français,

Je soupirais des chants de deuil et d'espérance;

Assis autour de moi, partageant mes regrets,

Ma femme et mes enfants m'écoutaient en silence.

 L'aquilon gronde sur les eaux :

 L'Océan soulève ses flots :

Le navire est en proie aux fureurs de l'orage.

Les monts de la Sardaigne ont frappé nos regards.

Des tyrans de la mer je vois les étendards.....

Albion nous retient dans un triste esclavage.

De Charybde en Scylla par le sort ballotté,

Je suis toujours en butte à l'injustice altière;

Mais de la paix du cœur, dans mon adversité,

Je ressens en tout lieu le baume salutaire.

 Les maux avec lui sont légers.

 Des plus superbes étrangers,

Calme et libre d'esprit, je supporte l'empire;

Et les chants du captif, parcourant l'univers,

Peut-être rediront mon exil et mes fers.

O muse, exauce-moi, viens et reprends ta lyre.

Dans ses brûlants transports, Pindare, aux Grecs ravis,
Des lutteurs couronnés annonçait la victoire.
Un but plus grand, plus noble enflamme mes esprits :
Je chante des héros couverts d'une autre gloire;
  Je chante Francklin, Washington,
   Qui des monarques d'Albion
Brisèrent sous leurs pieds la puissance orgueilleuse.
Élevons un trophée à ce peuple nouveau,
Qui des monstres vomis autour de son berceau,
Tel qu'Hercule, dompta la rage venimeuse.

Partez, mes vers; quittez, sur les ailes des vents,
Les rivages troublés de la vieille Angleterre,
Où l'astuce des rois, l'ambition des grands
Prennent pour mieux tromper le masque populaire.
  Abordez avant moi ces champs
   Où l'on ne craint plus les tyrans.
Aux heureux citoyens de la Pensylvanie
Redites mon départ, mes regrets et mes vœux.
En attendant le jour de revoler vers eux,
Pour alléger mes fers, je chante leur patrie.

Quel pays sur la terre est plus comblé de biens?
Répondez, habitants de l'Europe avilie:
Qui parmi vous tranquille et libre de liens,
Sans craindre l'avenir, envisage la vie?.....
      Vos maîtres sont vos oppresseurs;
         Les ministres de leurs fureurs
En glaives acérés transforment les faucilles :
Aux travaux de Cérès Mars ravit tous les bras.
Des esclaves armés, organes du trépas,
Dans les hameaux en deuil déciment les familles.

Ici la loi sanglante ose enrôler l'enfant;
   Plus loin la *presse* aveugle, au bras impitoyable,
   Roulant ses flots impurs comme un fangeux torrent,
   Entasse sur des nefs un peuple misérable.
         Dans les climats glacés du Nord,
         Portant la terreur et la mort,
   L'habitant du Midi promène ses bannières;
   Et l'homme du Volga, du Danube et du Rhin,
   Sur les rives du Pô, du Tage et du Tésin
   Imprime tour à tour ses traces sanguinaires.

* La *presse* est un des moyens odieux que la moralité anglaise
se croit permis pour recruter et entretenir sa marine.

Pourquoi tant de combats, tant d'exploits meurtriers?

S'agit-il de défendre une loi paternelle,

Qui protège à son tour vos paisibles foyers?

Peuples armés, quel est le prix de votre zèle?

    Le monstre avide des impôts

    Dévore en un jour vos travaux;

Il sait également dépouiller et proscrire :

Ses cent bras alongés couvrent tous les chemins;

Une chaîne de fer s'agite dans ses mains.....

Il faut tout acheter jusqu'à l'air qu'on respire * !

Pour soutenir la guerre, on transporte à grands frais

Dans les climats lointains les fruits de vos campagnes;

Et la faim, dont le souffle engendre les forfaits,

Frappe dans leurs réduits vos fils et vos compagnes.

    Vos chefs négligent l'avenir;

    Loin de songer à vous nourrir,

A dépeupler les champs ils semblent se complaire;

Des saints devoirs du trône ils repoussent le poids;

Leur main coupable, au lieu du sceptre des bons rois,

    Agite sans repos la torche funéraire.

* On fait allusion ici à l'impôt onéreux des portes et fenêtres.

Malheureux! quel est donc le but de vos combats?
Pourquoi ces cris joyeux aux jours de la victoire?
Pauvres gladiateurs dévoués au trépas,
Mourir pour vos tyrans est votre unique gloire!
  Ainsi les aveugles mortels
  A des Dieux sombres et cruels
Immolaient autrefois des victimes vivantes :
Tandis que des vieillards, des enfants, des captifs,
Sur l'autel de Moloch poussaient des cris plaintifs,
Ses prêtres agitaient leurs cymbales bruyantes *

Aux sons des instruments, un cantique infernal
Mêle son homicide et sauvage harmonie :
Le père, prosterné près du bûcher fatal,
Craint, s'il pleure un enfant, de devenir impie.
  L'enfant expire dans les feux :
  Ses gémissements douloureux

---

* Moloch, idole adorée par quelques peuples de l'antiquité ; on lui immolait des enfants, et pour étourdir les mères qui venaient les offrir en sacrifice, les prêtres de Moloch agitaient pendant le supplice des cymbales dont le bruit étouffait les cris des victimes.

Se perdent confondus dans les hymnes des prêtres;
D'offrandes cependant les autels sont couverts.....
Ces ministres de mort sont les flatteurs pervers.....
Et Moloch!..... n'est-il pas l'image de vos maîtres?

Mais la cymbale en vain résonne en cris perçants.
Peuples, prêtez l'oreille aux plaintes des victimes;
Joignez vos cris aux leurs, et répétez mes chants :
« Une guerre offensive est le plus grand des crimes. »
        D'un coup d'œil franchissez les mers :
        Voyez dans un autre univers
Vingt états délivrés du fléau despotique.
Les hommes par les lois sont ici défendus;
Les maux que vous souffrez ici sont inconnus;
Rendez, rendez hommage à l'heureuse Amérique!

Sur les bords cultivés de ses fleuves nombreux
Le laboureur paisible exploite ses domaines.
Sous mille et mille noms, des impôts onéreux
Ne sucent point le sang qui coule dans ses veines.

Il sait ce que doivent ses champs ;

Et lui-même peut tous les ans

S'assurer de l'emploi des richesses publiques.

Ses enfants près de lui partagent son labeur.

Ils croissent sans rien craindre : un édit de terreur

Ne couvre en aucun temps leurs murailles rustiques.

Le fils arrive-t-il aux jours de son printemps ?

Il imite avec soin l'exemple de son père.

Quand son hymen s'approche, auprès de ses parents,

Lui-même de sa main il bâtit sa chaumière.

Sa hache éclaircit les forêts ;

Et bientôt de nouveaux guérêts

Du hameau paternel augmentent l'abondance.

Les arbres abattus vont parcourir les mers :

L'industrieux commerce en vingt climats divers

Des champs américains transporte l'opulence.

De proche en proche alors se forment des hameaux

Où l'on voyait naguère une forêt profonde.

L'abeille étend ainsi ses utiles travaux

Dans les contours dorés de sa ruche féconde.

Le frelon avide et jaloux,

Qui règne souvent parmi nous,

Est un monstre odieux au nouvel hémisphère.

On y voudrait en vain vivre aux dépens d'autrui;

Le citoyen tranquille y recueille pour lui

Sans redouter la main du pouvoir arbitraire.

La paix, la liberté, voilà le vrai trésor

Que produit aujourd'hui cette plage lointaine.

Quels nouveaux demi-dieux, de cette toison d'or

Ont naguère enrichi la terre américaine?

Ivre d'orgueil, le léopard

Portait son avide regard

Des glaces de Quebec aux sables de Georgie *.

« Ces peuples, disait-il, ces peuples sont à moi :

« Tout leur sang m'appartient. Mon caprice est la loi

« Des fils de l'Amérique et de l'Inde asservie. »

* Quebec est la capitale du Canada. La Georgie est une des provinces méridionales des États-Unis.

Personne n'ignore que le léopard est l'emblème de la Grande-Bretagne.

A ces cris insensés se lève WASHINGTON :

Il vient d'abandonner la pesante charrue ;

Et cette même main qui traçait un sillon

D'Hercule et de Thésée a saisi la massue.

    « Le monstre rugit dans nos bois !

    « Amis, accourez : à ma voix

« Se lève l'étendard d'une juste défense !

« Donnons un grand exemple aux peuples opprimés.

« Rejetons dans la mer ces esclaves armés :

« L'excès des maux enfin produit l'indépendance. »

Il dit ; autour de lui se rangent Jefferson,

Et Richard Li, fameux par sa mâle éloquence ;

Adams, Montgomméry, Laurens et Livingston,

Gates, qui dans l'Europe a reçu la naissance,

    Miflin, Sculer, Nache et Morgan,

    Grine et Varren et Sullivan * ;

* Ceux qui ont lu l'histoire de la révolution américaine connaissent tous ces noms. La prononciation de quelques-uns d'entre eux étant si differente de la nôtre, je les ai écrits comme on les prononce ; et je les rétablis ici comme on les écrit : 1° Richard Lee (qui se prononce *Li,*) était un membre du congrès ; et ce fut sur sa harangue que fut rendu le decret de l'indépendance ; 2° le

Et mille autres héros, l'honneur de ce rivage.

Ceux-ci près de leur chef s'avancent au combat;

Ceux-là, non moins vaillants, portent dans le sénat

Avec l'amour des lois le calme du courage.

Soudain les monts altiers, les rivages des mers

Se couvrent en tout sens de troupes héroïques.

Partout l'airain vengeur retentit dans les airs.

On déchire à grands cris les arrêts tyranniques.

En vain mille et mille vaisseaux

Transportent au-delà des flots

De Hessois achetés une horde innombrable * :

On voit des anciens Grecs renaître les exploits;

Des citoyens armés sans tactique et sans choix,

Domptent des vieux guerriers la foule redoutable.

général Nash (qui se prononce Nache,) était de la Caroline septentrionale, et il périt dans les premiers combats. Jefferson, Samuel Adams, Laurens et Livingston étaient au premier rang des hommes publics. Grine, Schuiler. Sullivan, Gates, Montgomméry, Varren, Mifflin et Morgan se distinguèrent parmi les plus fameux guerriers.

* Les Anglais achetèrent au grand-électeur de Hesse, qui en faisait métier, trente mille Hessois, qui pour la plupart périrent en Amérique.

Ils affrontent la mort, pour laisser à leurs fils

Un avenir paisible, une heureuse patrie.

Populeuse Boston, sur tes murs affranchis

Varren trouve la fin de la plus belle vie *.

    Dans ces champs où le nom français

      A laissé d'éternels regrets,

L'ardent Montgomméry court planter sa bannière ** :

Le Canada s'agite au nom de liberté :

Il n'est pas temps encor!..... Le héros indompté

Sur un lit de lauriers termine sa carrière.

Déjà le léopard se croit victorieux :

Il croit pouvoir traiter des héros en rebelles ;

Les villages entiers abandonnés aux feux

Éclairent les exploits de ces hordes cruelles :

---

* Le général Varren animant ses compatriotes au combat sur une des fortifications extérieures de Boston, dont il s'était emparé, fut tué d'un coup d'arquebuse. Toutes les vertus de l'homme privé ornaient ce grand citoyen ; sa mort laissa les plus vifs regrets à sa patrie.

** Montgomméry, qui commandait l'expédition des États-Unis contre le Canada, pénétra victorieux jusqu'à la capitale qu'il essaya d'emporter d'assaut. En s'avançant contre une batterie de Quebec, il fut tué ; et sa mort laissa encore le Canada aux Anglais.

Les guerriers changés en bourreaux

Couvrent d'indignes échafauds

Charlebourg, Césarée, et les monts et la plage *.

Sous le fer, sous le plomb des barbares soldats,

Les femmes, les enfants reçoivent le trépas ** ;

On ne respecte plus ni le sexe ni l'âge.

L'huile qu'un imprudent répand sur le foyer

Alimente, ranime et redouble la flamme.

Ainsi des oppresseurs le courroux meurtrier,

Nation généreuse, exaspère ton âme.

Gates dans le Nord est vainqueur ;

Brûlant d'une noble fureur,

Grine vient d'affranchir les champs de Caroline.

D'un peuple de héros justifiant le choix,

Agitant tour à tour le glaive et le pavois,

WASHINGTON des tyrans avance la ruine.

\ * Ce fut surtout dans Charlebourg, capitale de la Caroline, et dans la province de Césarée, que les Anglais vainqueurs exercèrent d'horribles vengeances.

\ ** Les troupes anglaises, et surtout les Hessois, commirent des atrocités sur les familles paisibles. et se montrèrent les dignes associés des sauvages excités par le gouvernement du Canada : dans le nombre des victimes, on distingue la femme de Jacob Cadwel, qui fut tuée par un Hessois au milieu de sa famille.

Francklin, sorti du rang des vulgaires mortels,
Parait, parle, triomphe à la cour de Lutèce.
Sa main vient de signer des traités solennels.
C'est lui dont l'univers révère la sagesse :

Il abaisse l'orgueil des rois ;

A la foudre il donne des lois *.

A ses nobles accents, Rochambeau, Lafayette
Quittent pour les combats le paternel séjour.
La France se réveille : Albion à son tour
Voit contre elle partout se grossir la tempête.

Le péril, d'Albion augmente la fureur ;
Le sang coule en torrents sur la terre et sur l'onde.
Deux nuages chargés d'une sombre vapeur
Menacent à la fois le sort du nouveau monde ** :

L'un plane au-dessus des frimats ;

L'autre sur les brûlants climats

* On connaît le vers latin que l'on a fait sur Francklin :

« *Eripuit cælo fulmen sceptrumque tyrannis.* »

** Les plus grands efforts des Anglais contre les États-Unis furent dirigés par les généraux Burgoine et Cornvalis. Le premier, parti du Canada, pénétra jusqu'auprès de la ville d'Albany. Cornvalis attaqua les provinces du midi. Ces deux armées, parties de points opposés, devaient se réunir dans la Pensylvanie, ainsi appelée du nom de Penn, son fondateur.

Où le Jame et l'Yorck se creusent un passage *.

Sur les terres de Penn ils vont se réunir :

Les fleurs et les moissons, tous les fruits vont périr :

L'Amérique a tremblé devant ce double orage.

Mais Washington commande ! Au midi comme au nord,

L'orage est retombé sur la horde assassine.

Burgoine, Cornvalis, pour éviter la mort,

Ont abaissé leur front sous la fourche caudine **.

    Champs illustres de Marathon,

    A côté de votre grand nom,

D'Yorck, de Saratoge on citera les plaines.

Le léopard succombe, et son sceptre est brisé :

Honteux, les flancs ouverts, haletant, épuisé,

Il rentre en rugissant au sein de ses domaines.

  * Les fleuves de Jame et d'Yorck arrosent la Virginie et se jettent dans la baie de Chésapeack.

  ** L'armée du nord, commandée par Burgoine, fut défaite par Gates, enveloppée et réduite à se rendre tout entière prisonnière de guerre, à Saratoga, sur les rives du fleuve Hudsoa.

  Quelque temps après, l'armée de Cornvalis eprouva le même sort près d'Yorck en Virginie, et cette dernière victoire remportée par Washington, décida de la guerre.

  * On se rappelle que les Romains, vaincus par les Samnites, et obligés de se rendre, défilèrent devant leurs vainqueurs dans un lieu appelé les Fourches Caudines.

L'Amérique triomphe ! et son libérateur
Peut soumettre à ses lois vingt fertiles provinces.
Assez fort pour régner, Washington, dictateur,
Garderait-il le rang et le pouvoir des princes?...
        Non ! du poison de la grandeur
        Deux fois triomphant dans son cœur,
Le héros sans regrets dépose sa puissance :
« Magistrats, à vos soins confiant nos guerriers,
« Je retourne, dit-il, au sein de mes foyers ;
« Et j'implore sur vous la divine assistance. »

Honneur, gloire immortelle au plus grand de tes fils,
Terre trois fois heureuse ! Il monte au rang suprême,
Gouverne sans orgueil, délivre son pays,
Porte le sceptre en sage et le quitte de même.
        En jouissant d'un doux repos,
        Offre tes vœux à ce héros
Dont la Grèce eût jadis encensé la mémoire.
Et moi, puissé-je enfin, dégagé de mes fers,
Accomplir mon exil, et franchissant les mers,
Voir les bords fortunés dont j'ai chanté la gloire !

FIN DE L'ODE SUR L'AMÉRIQUE.

Plusieurs erreurs ayant été répandues et accréditées en France au sujet de la généalogie de la famille impériale, notamment au sujet de Lucien Bonaparte, que l'on fait l'aîné de l'empereur et même de Joseph, nous croyons devoir, en finissant ce volume, donner le tableau suivant de tous les membres de la famille Bonaparte dans leur ordre généalogique.

GÉNÉALOGIE

DE LA FAMILLE BONAPARTE.

En remontant au chef de la famille, nous voyons que :

Charles Bonaparte, marié à Lætitia Ramolini, en eut cinq enfants mâles et trois filles.

1° Joseph Napoléon Bonaparte, ex-roi d'Espagne, décédé ; 2° Napoléon Bonaparte, empereur, décédé ; 3° Lucien Bonaparte, prince de Canino, décédé ; 4° Louis Bonaparte, ex-roi de Hollande, actuellement à Florence ; 5° Jérôme Bonaparte, ex-roi de Westphalie, actuellement à Florence.

Les trois filles furent : Elisa Bonaparte, prin-

cesse de Lucques ; Caroline Annonciata Bonaparte, ex-reine de Naples, et Pauline Bonaparte, princesse Borghèse. Toutes trois sont
décédées.

Les cinq fils de Charles Bonaparte, ci-dessus
dénommés, eurent pour enfants :

1er JOSEPH.

Joseph eut deux filles : 1° La princesse Marie
Zénaïde, aujourd'hui mariée au prince de Ca-
nino, fils aîné de Lucien Bonaparte ; et 2° la
princesse Charlotte, mariée au second fils de
Louis Bonaparte, le grand-duc de Berg et de
Clèves : tous deux décédés.

2e NAPOLÉON.

Napoléon n'eut qu'un seul enfant, le roi de
Rome, mort duc de Reischtadt en 1852.

3e LUCIEN.

Lucien contracta deux mariages, le premier
avec mademoiselle Boyer, en 1792, et le second
vers la fin de 1802, avec Marie-Alexandrine-
Charlotte-Louise Laurence de Bleschamps. De

ces deux mariages naquirent douze enfants, dont six fils et six filles, savoir :

Du 1ᵉʳ mariage : 1° Charlotte Marie Bonaparte, aujourd'hui princesse Gabrielli, à Rome; 2° Christine Bonaparte, mariée à lord Stuart.

Du 2ᵉ mariage : 1° Charles Jules Laurent Bonaparte, prince de Canino, marié comme ci-dessus à la princesse Zénaïde, fille aînée de Joseph Bonaparte, à Rome; 2° Paul Marie Bonaparte, décédé en 1826 à l'âge de 19 ans; 3° Lucien Bonaparte, décédé à 11 mois; 4° Louis Bonaparte, actuellement à Florence; 5° Pierre Napoléon Bonaparte, actuellement en Belgique; 6° Antoine Bonaparte, propriétaire à Canino; 7° Lætitia Bonaparte, mariée à M. Weyses, gentilhomme irlandais et membre du parlement; 8° Jeanne Bonaparte, mariée au marquis Honorato Honorati, décédée; 9° Marie Bonaparte, aujourd'hui mariée à M. Valentini, propriétaire à Canino; 10° Constance Bonaparte, novice au couvent du Sacré-Cœur, à Rome.

4° Louis.

Louis eut trois fils : 1° Le prince royal de

Hollande, décédé en bas-âge; 2° le grand-duc de Berg et de Clèves, marié à la seconde fille de Joseph, la princesse Charlotte, décédé; 5° Charles Louis Napoléon Bonaparte, actuellement détenu au fort de Ham.

5° JÉRÔME.

Jérôme eut d'un premier mariage, Jérôme Bonaparte, aujourd'hui aux États-Unis.

D'un deuxième mariage : 1° Jérôme Napoléon Charles Frédéric Bonaparte, prince de Monfort, aujourd'hui colonel au service de Wurtemberg; 2° Mathilde Lætitia Louise Elisa Bonaparte, princesse de Monfort, mariée à M. Demidoff; 5° Napoléon Joseph Charles Paul Bonaparte, prince de Monfort.

FIN.